Marsjanie i Wenusjanki w sypialni

John Gray

Marsjanie i Wenusjanki w sypialni

Jak zachować romantyzm i namiętność w intymnym związku

Przekład Jacek Grajski

ZYSK I S-KA
WYDAWNICTWO

Tytuł oryginału
Mars and Wenus in the Bedroom.
A Guide to Lasting Romance and Passion

Wydanie I

ISBN 83-7150-005-X

Zysk i S-ka Wydawnictwo s.c.
ul. Wielka 10, 61-774 Poznań
tel. (0-61) 853 27 51, 853 27 67, fax 852 63 26
Dział handlowy, ul. Zgoda 54, 60-122 Poznań
tel. (0-61) 864 14 03, 864 14 04
e-mail: sklep@zysk.com.pl
nasza strona: www.zysk.com.pl

*Tę książkę dedykuję mojej żonie, Bonnie,
której otwartość, kreatywność i miłość
niezmiennie inspirują moje pisarstwo
i pogłębiają moje zrozumienie
intymnych związków.*

Wprowadzenie

On pragnie seksu. Ona pragnie romantyzmu. Czasami może się wydawać, jakby partnerzy pochodzili z innych planet — jakby on był z Marsa, a ona z Wenus. Oczywiście, w sypialni mężczyźni i kobiety są inni, lecz zapewne nie zdajemy sobie sprawy z tego, jak dalece się różnimy. Tylko dzięki zrozumieniu i zaakceptowaniu oczywistych i mniej oczywistych różnic między nami możemy osiągnąć prawdziwą intymność i zdobyć się na udany seks.

Dlaczego seks jest tak ważny

Seks wydaje się ważniejszy dla mężczyzn, a romantyzm dla kobiet, ale na ogół nie rozumiemy, dlaczego tak jest. Bez głębszego zrozumienia tej podstawowej różnicy kobiety przeceniają znaczenie seksu dla mężczyzn i często twierdzą, że mężczyźni są powierzchowni, bo tylko jedno im w głowie.

Kobieta zaczyna łagodzić swe osądy, kiedy odkrywa rzeczywiste powody, dla których mężczyźni jakoby pragnęli wyłącznie seksu. Wraz z głębszym zrozumieniem różnic między obiema płciami, opartym na naszym rozwoju historycznym i uwarunkowaniach społecznych, kobieta może odkryć, dlaczego pobudzenie seksualne dla wielu mężczyzn jest kluczem do tego, by mogli uświadomić sobie własne uczucia miłosne.

Pobudzenie seksualne dla wielu mężczyzn jest kluczem do tego, by mogli uświadomić sobie własne uczucia miłosne.

Serce mężczyzny otwiera się poprzez seks, pozwalając mu przeżywać zarówno uczucie miłości, jak i głód miłości. Paradoksalnie, to właśnie seks pozwala mężczyźnie odczuwać potrzebę miłości, podczas gdy miłość pozwala kobiecie odczuwać głód seksu.

Seks pozwala mężczyźnie odczuwać potrzebę miłości, podczas gdy miłość pozwala kobiecie odczuwać głód seksu.

Mężczyzna często opacznie pojmuje potrzebę romantyzmu u kobiety i może myśleć, że ona wzbrania się przed seksem. Kiedy on pragnie seksu, a ona nie ma nastroju, mężczyzna czuje się odtrącony. Nie uświadamia sobie, że kobieta chce być kochana i uwodzona, zanim będzie mogła poczuć głód seksu.

Tak jak kobiecie potrzebne jest porozumienie z partnerem, żeby mogła czuć się kochana i sama kochać, tak mężczyźnie potrzebny jest seks. Z pewnością mężczyzna może czuć się kochany na wiele sposobów, lecz najskuteczniejszy sposób, w jaki miłość kobiety może dotrzeć do jego duszy i otworzyć jego serce, prowadzi przez udany seks.

Co sprawia, że seks jest udany

Seks może być udany, jeśli w związku istnieje partnerskie porozumienie. To jest pierwszy krok. Kiedy dojdzie do porozumienia, łatwiej będzie zastosować wszystkie arkana sztuki miłosnej przedstawione w tej książce.

Jeśli partnerzy dobrze się rozumieją, zapoznanie się z pomysłami omówionymi w tej książce i skorzystanie z nich radykalnie podniesie jakość ich współżycia seksualnego. Kiedy poprawia się współżycie seksualne, następuje poprawa w całym związku. Dzięki udanemu seksowi mężczyzna zaczyna odczuwać miłość, a w rezultacie kobieta otrzymuje to, czego, być może, jej brakowało. Automatycznie pogłębiają się porozumienie i intymność.

Kiedy poprawia się współżycie seksualne,
automatycznie następuje poprawa
w całym związku.

Para przeżywająca problemy, zamiast koncentrować się na nich, lepiej zrobi, idąc „na skróty" drogą przez udany seks, bo to natychmiast uczyni problemy łatwiejszymi do rozwiązania. Aby skutecznie rozwiązywać problemy związku i zapewnić sobie trwałą intymną bliskość i lepsze porozumienie, zalecam lekturę innych moich książek: *What Your Mother Couldn't Tell You & Your Father Didn't Know* oraz *Mężczyźni są z Marsa, kobiety z Wenus*. Czasami jednak najskuteczniejszy sposób „rozruszania" pary polega na tym, by najpierw opanować arkana sztuki miłosnej, co w efekcie przyczyni się do udanego seksu.

Udany seks jest najpewniejszym sposobem pobudzenia uczuć mężczyzny i pomaga mu odczuwać miłość i okazywać ją kobiecie. Udany seks „zmiękcza" serce kobiety, pomaga jej rozluźnić się i przyjąć wsparcie od partnera w innych sferach związku. „Zmiękczenie" uczuć kobiety radykalnie podnosi jej zdolność do porozumiewania się w sposób, który odpowiada partnerowi. To porozumienie z kolei stanowi podstawę zachowania namiętności seksu.

Udany seks jest najpewniejszym sposobem
pobudzenia uczuć mężczyzny i pomaga mu
odczuwać miłość i okazywać ją kobiecie.

Po co kolejna książka o seksie

Podczas gdy wiele książek zajmuje się mechanizmami seksu, ta dotyczy mechanizmu tego, co zrobić, by w ogóle mieć seks. Dzięki nowemu podejściu do wzajemnego porozumienia dowiecie się, w jaki sposób zaspokoić własne i partnera potrzeby seksualne. Ponadto będziemy zgłębiać różnice w psychice mężczyzn i kobiet, tak by lepiej zrozumieć, co najbardziej odpowiada drugiej stronie.

Większość książek koncentruje się na fizycznych potrzebach mężczyzn i kobiet, a tylko nieliczne także na ich potrzebach psychicznych. Ta książka prowadzi mężczyzn i kobiety ku spełnieniu seksualnemu — zarówno fizycznemu, jak i emocjonalnemu. Otrzymuję mnóstwo listów od par, które uczestniczyły w moich seminariach. Piszą, że dzięki nim obecne doznania seksualne dostarczają im niemałej satysfakcji. Niektóre z tych par są zaledwie kilka lat po ślubie, ale są i takie, które w związku małżeńskim pozostają ponad trzydzieści lat.

Arkana sztuki miłosnej

Dziś kobiety oczekują od seksu więcej niż kiedykolwiek przedtem. Dawniej seks był przede wszystkim po to, by kobieta zaspokajała potrzeby swego męża. Dla wielu kobiet z pokolenia naszych matek seks był czymś, co robiło się dla mężczyzny, a nie dla siebie. Obecnie, kiedy antykoncepcja jest bardziej niezawodna i dostępna, a społeczeństwo zdecydowanie bardziej akceptuje potrzeby i pragnienia seksualne kobiet, mają one większe przyzwolenie na zgłębianie swej zmysłowości. U wielu kobiet rosnące zainteresowanie seksem jest także odzwierciedleniem potrzeby odnalezienia harmonii wewnętrznej w ich kobiecości.

Spędzając większą część dnia na tradycyjnie męskim stanowisku pracy, kobieta także pragnie tego, by po powrocie do domu, w progu mieszkania czule witała ją „żona". Kobieta także pragnie cieszyć się wyzwoleniem, jakie przynosi seks. Udany seks daje kobiecie spełnienie w takiej samej mierze jak mężczyźnie. Aby znosić stresy pracy zawodowej, nie tylko mężczyzna potrzebuje oparcia w kobiecie. Również ona potrzebuje jego wsparcia.

Jeśli mężczyzna ma dać partnerce tego rodzaju spełnienie seksualne, jakiego ona dziś wymaga, niezbędna jest znajomość specjalnych arkanów sztuki miłosnej. Te bardziej tradycyjne, z jakich mężczyźni i kobiety korzystają od wieków, już się przeżyły. Nie wystarczy, by mężczyzna robił z kobietą to, co jest przyjemne i podniecające dla niego. Ona również chce przyjemnych doznań. Chce przeżywać orgazm. On musi się nauczyć dawać kobiecie satysfakcję z seksu.

Kobiety chcą więcej i mężczyźni chcą więcej. Mężczyźni nie chcą rezygnować z namiętności we własnym związku. Coraz więcej mężczyzn i kobiet woli raczej wziąć rozwód niż pozostać w małżeństwie, w którym nie ma namiętności.

Ani jedna, ani druga płeć nie zamierza godzić się na stary system, w którym mężczyzna miewa dyskretne romanse dla zaspokojenia swych seksualnych namiętności, kobieta zaś poświęca własną potrzebę namiętności na rzecz zachowania integralności rodziny. AIDS i inne choroby przenoszone drogą płciową sprawiają, że romanse pozamałżeńskie są znacznie bardziej niebezpieczne niż w przeszłości. Współczesny mężczyzna pragnie wciąż być namiętnie zespolony właśnie z partnerką, która przywiązuje dużą wagę do seksu. Dla osiągnięcia tego celu znajomość arkanów sztuki miłosnej jest niezbędna zarówno dla mężczyzn, jak i dla kobiet.

W pierwszych dwunastu rozdziałach *Marsjan i Wenusjanek w sypialni* śledzić będziemy sztukę i sposoby udanego seksu w łóżku, w rozdziale trzynastym zaś poznamy, jakie znaczenie ma romansowanie poza sypialnią, aby namiętność nie wygasła.

Dlaczego pary przestają uprawiać seks

Nierzadko po kilku latach małżeństwa jedno z partnerów przestaje mieć ochotę na seks; czuje się tak, jakby straciło zainteresowanie seksem. Ów brak zainteresowania faktycznie wynika stąd, że nie są spełnione pewne warunki niezbędne dla współżycia seksualnego. W tej książce dość szczegółowo będziemy zgłębiać te różnorodne potrzeby. Wielu mężczyzn i sporo kobiet nie wie, jakie są te potrzeby ani jak je zaspokoić. Aby nie czuć się nieustannie sfrustrowanymi, po prostu tracą zainteresowanie sobą.

Zdumiewające, że w trakcie moich seminariów przeważnie właśnie kobiety podchodzą do mnie podczas przerw i napomykają, że ich mężowie już nie interesują się seksem. Oczywiście, nie jest czymś niezwykłym to, że kobieta pragnie więcej seksu niż jej partner, lecz bez względu na to, które z partnerów traci zainteresowanie, namiętność może powrócić dzięki arkanom sztuki miłosnej.

Jak korzystać z tej książki we dwoje

Moja książka ma być lekturą przyjemną. Celowo wiele rozdziałów ująłem bardzo krótko, żeby można było książkę odłożyć na bok i zakosztować w praktyce niektórych sposobów sztuki miłosnej.

Jeśli kobieta zaleci mężczyźnie przeczytanie tej książki, nie powinna dać mu poznać, że to dla niego niezbędne, ani że ona dąży do poprawy ich współżycia seksualnego. Dla mężczyzny może to brzmieć zbyt poważnie i sugerować, że *on* nie jest dostatecznie dobry albo że *jego* trzeba poprawiać. Takie podejście może łatwo zrazić jego męskie ego.

Zamiast tego kobieta powinna powiedzieć: „Przeczytajmy tę książkę o seksie. To naprawdę przyjemna lektura" albo „To jest bardzo seksowna książka. Czytajmy ją głośno po kolei". Mężczyzna zareaguje znacznie bardziej pozytywnie, jeśli przekona się, że partnerka chce razem z nim spróbować czegoś nowego.

Kiedy mężczyzna chce namówić kobietę, by przeczytała tę książkę, powinien postąpić podobnie, ale musi pamiętać, by nie nalegać — to może zrazić kobietę. Jeśli partnerka się opiera, sam może przeczytać tę książkę i zacząć stosować niektóre z omawianych w niej technik. Kiedy uda mu się to zrobić, zdecydowanie szybciej zachęci partnerkę do lektury.

Na tej samej zasadzie, jeśli partner się opiera, uprzejmie powiedz „OK" i sama przeczytaj książkę. W końcu każdego mężczyznę zainteresuje to, co czyta jego partnerka. Jeśli się przekona, że ta lektura pozytywnie wpływa na ich doznania seksualne, nie będzie stawiać przeszkód. Podobnie, każda kobieta znacznie chętniej pozna treść książki, gdy jej partner zacznie korzystać z nowo nabytych umiejętności.

Jeśli partner nie jest tym zainteresowany, po prostu połóż tę książkę gdzieś w sypialni albo zostaw ją w łazience, a ciekawość zrobi swoje, bez twojego dalszego udziału.

Lektura we dwoje może ułatwić wyrażenie własnych odczuć dotyczących seksu. Wydając zwykły okrzyk entuzjazmu albo zachwytu przy czytaniu jakiegoś urywka, możesz przekazać partnerowi bardzo ważną wiadomość. Możesz się z nim podzielić pomysłami, których ujawnienia unikałaś z obawy, że mogą zabrzmieć jak krytyka jego poczynań. Słowa wydrukowane czarno na białym akceptujemy znacznie łatwiej.

Można też podejść do tego inaczej — partnerzy mogą przeczytać książkę osobno, a potem zacząć korzystać ze zdobytej wiedzy. Dla poprawy porozumienia w ich związku lepiej będzie, jeśli przeczytają ją razem na głos w całości albo przynajmniej ulubione fragmenty.

Niekiedy kobieta ma opory przed ujawnieniem tego, co lubi w seksie, bo nie chce, by partner ślepo stosował się do jej instrukcji. Poznanie wielu różnych umiejętności seksualnych z pewnością da zarówno mężczyźnie, jak i kobiecie możliwość ich przetestowania. Nowe umiejętności mogą pomóc parom przeżyć nieznane namiętności.

Celem tej książki nie jest wyłącznie edukowanie, ale także inspirowanie. Czasami słyszę od mężczyzn, że dobrze wiedzą, czym jest seks, ale na pewno przyda się przypomnienie tego w taki sposób. Już samo mówienie o seksie albo lektura książki o nim może wyzwolić nową namiętność.

Zalecam, by po wypróbowaniu niektórych metod partnerzy nadal od czasu do czasu rozmawiali o swoich indywidualnych upodobaniach. Niektóre umiejętności czy metody mogą dla ciebie być pożądane, a dla partnera nie. Nieraz bywa tak, że z upływem czasu partner może się zmienić i pewne rzeczy polubić, a do innych się zniechęcić.

Ważne jest, by nie domagać się niczego, co dla partnera jest nieprzyjemne, i nie robić niczego, co mu nie odpowiada. Seks jest cennym darem, którym dwoje ludzi może się nawzajem obdarzać, okazując sobie przy tym miłość i oddanie.

Najlepiej jest po prostu opanować tę wiedzę, a potem korzystać z niej wtedy, kiedy się ma na to ochotę — jakby wybierając potrawę z zimnego bufetu. To, co jedni lubią, innym nie odpowiada. Nie próbuj przekonywać partnerki, że powinna lubić ziemniaki, skoro ona ich nie znosi, ani nie pogardzaj partnerem, jeśli lubi ziemniaki, których ty nie znosisz.

Aby seks i namiętność wzrastały z upływem czasu, nie powinniśmy mieć poczucia, że możemy być krytykowani za własne pragnienia. Powinniśmy starać się podchodzić do seksu w sposób wolny od uprzedzeń.

Traktuję tę książkę jako przypomnienie o wielu sprawach, o których zapewne intuicyjnie już wiecie. Ja sam skorzystałem ze wszystkich pomysłów, jakie omawiam, podobnie jak tysiące osób, którym doradzałem w gabinecie i które uczestniczyły w moich seminariach. Mam nadzieję, że książka wam się spodoba i będziecie do niej wciąż zaglądali, aż po kres waszych dni i nocy.

Udany seks jest darem Boga dla tych, którzy są zdecydowani stworzyć czuły i dający oparcie związek. Udany seks jest nagrodą, a wy na nią zasługujecie.

29 kwietnia 1994 John Gray
Kalifornia

Nota specjalna

Ta książka przeznaczona jest dla par, które żyją w monogamicznym związku. Jeśli nie jesteś w monogamicznym związku albo nie masz stuprocentowej pewności, że partner nie jest zakażony wirusem HIV, dla własnego bezpieczeństwa i z szacunku dla samych siebie musicie uprawiać bezpieczny seks. Wiele książek wyjaśnia, jak uprawiać bezpieczny seks bez rezygnacji ze spontaniczności i przyjemności. Ja także gorąco zachęcam do nauki, jak chronić się przed wirusem HIV i AIDS oraz innymi chorobami przenoszonymi drogą płciową.

Środki ostrożności są szczególnie ważne dla kobiet. W związku heteroseksualnym kobiety są narażone na większe ryzyko zachorowania na AIDS niż mężczyźni, ponieważ podczas stosunku wirus, jeśli jest obecny w nasieniu mężczyzny, może dostać się do krwiobiegu kobiety nawet wskutek nieznacznego pęknięcia śluzówki w jej pochwie, pęknięcia powszechnie zdarzającego się podczas stosunku. Niektórym kobietom z wielką trudnością przychodzi domaganie się, by mężczyzna używał prezerwatywy podczas stosunku. Kobiety powinny pamiętać o tym, że ich życie i zdrowie zbyt wiele są warte, by narażać się na ryzyko choroby tylko dlatego, że mężczyzna nie chce rezygnować z przyjemnych doznań i nie używa prezerwatyw. Ich różnorodność (w tym także środków nawilżających) pozwala zachować doznania, a prezerwatywę można włączyć we współżycie seksualne, tak by dostarczała wielu przyjemnych doznań. Ponadto, kiedy wrażliwość mężczyzny na doznania jest niższa z powodu prezerwatywy, może mu być łatwiej powstrzymać się przed zbyt wczesnym wytryskiem do czasu, aż kobieta nie zostanie zaspokojona, a dzięki przedłużeniu stosunku orgazm mężczyzny może być jeszcze intensywniejszy.

Mężczyznom trzeba wciąż przypominać, że kobiecie jest trudno się rozluźnić, zaufać partnerowi i szczerze cieszyć się seksem, kiedy martwi ją możliwość zakażenia wirusem HIV lub inną chorobą przenoszoną drogą płciową albo gdy martwi się zajściem w ciążę. Podczas stosunku mężczyzna łatwo zapomina o konsekwencjach seksu bez zabezpieczenia, lecz jeśli będzie pamiętał o ochronie partnerki za k a ż d y m razem, ona to doceni i będzie jeszcze bardziej otwarta i czuła podczas zbliżenia, bo będzie bezpieczna.

ROZDZIAŁ PIERWSZY

SZTUKA MIŁOSNA A UDANY SEKS

Jedną ze specjalnych nagród za przyswojenie sobie i stosowanie sztuki miłosnej jest to, że współżycie seksualne staje się coraz bardziej udane. Jak fantastyczne wakacje po ciężkiej pracy, nastrojowy spacer po lesie w słoneczny wiosenny dzień albo radość po wspinaczce na szczyt góry — udany seks nie jest tylko nagrodą, lecz czymś, co może odmłodzić ciało, umysł i duszę. Rozjaśnia nasze dni i umacnia nasz związek.

Udane pożycie seksualne jest nie tylko objawem namiętnego związku, ale także istotnym czynnikiem jego tworzenia. Udany seks napełnia nasze serca miłością i może zaspokoić niemal wszystkie potrzeby emocjonalne. Seks czuły, seks namiętny, seks zmysłowy, długi seks, krótki seks, seks błyskawiczny, seks jak wykwintna uczta, seks jako zabawa, seks delikatny, seks ostry, seks miękki, seks twardy, seks romantyczny, seks z określonym celem, seks niewyszukany, seks chłodny i seks gorący — wszystko to są ważne elementy utrzymywania żywej namiętności miłosnej.

Udane pożycie seksualne jest nie tylko objawem namiętnego związku, ale także istotnym czynnikiem jego tworzenia.

Udany seks dla kobiet

Udany seks „zmiękcza" kobietę i otwiera ją na przeżywanie prawdziwej miłości i pamięć o miłości partnera. Umiejętne pieszczoty partnera nie pozostawią w jej myślach wątpliwości, że dla niego ona jest najważniejsza. Jej głód miłości zaspokajają namiętność i szacunek jej partnera. Napięcie natychmiast zostaje rozładowane, kiedy ona ponownie poddaje się najgłębszym kobiecym tęsknotom. Jej namiętność, miłość i chęć bycia kochaną mogą zostać w pełni zaspokojone.

Udany seks dla mężczyzn

Udany seks uwalnia mężczyznę od frustracji i pozwala mu ożywić swoją namiętność i oddanie dla związku. Zaspokojenie partnerki jest jego dążeniem i zwycięstwem. Jej ciepła i wilgotna reaktywność podnieca, elektryzuje i budzi najgłębsze pokłady jego męskiej natury. Bramy niebios się otworzyły! Poprzez jej zaspokojenie on czuje, że miłość, którą ofiarował, została doceniona. Jego czasami skryte, ale wszechogarniające i zawsze obecne pragnienie, by kochać i być kochanym, zostaje zaspokojone, kiedy on wraca do swego świata, nadal pozostając głęboko w niej.

Udany seks dla związku

Udany seks przypomina mężczyźnie i kobiecie o czułej miłości, która kiedyś ich połączyła. Alchemia udanego seksu uwalnia w mózgu i w organizmie substancje chemiczne, które pozwalają odczuwać pełną radość z partnera. Powiększa to wzajemną atrakcyjność, stymuluje większą energię, a nawet sprzyja lepszemu zdrowiu. Pozostawia w nas nie tylko iskrę młodzieńczej witalności, ale także poczucie piękna, cudowności i nie tylko wzajemnej afirmacji, ale także całego otaczającego nas świata. Udany seks jest szczególnym darem Boga dla tych, którzy ciężko pracują, by miłość uczynić swym priorytetem życiowym.

Ową istotną cechą, która sprawia, że małżeństwo jest

czymś więcej niż tylko czułą przyjaźnią, jest seks. Seks bezpośrednio ożywia w nas męskość i kobiecość, i to bardziej niż jakiekolwiek inne działania wspólnie podejmowane przez partnerów. Udany seks dla kobiety jest kojący i pomaga jej utrzymywać kontakt z kobiecością, a jednocześnie wzmacnia mężczyznę i utrzymuje go w kontakcie z męskością. Seks ma ogromną moc — zbliża nas do siebie albo od siebie odpycha.

Aby seks był udany, nie wystarczy, by mężczyźni i kobiety kierowali się swymi dawnymi instynktami. Czasy się zmieniają i o wiele ważniejsza staje się jakość seksu. Nasze matki nie umiały nas informować o sekretach udanego seksu, a nasi ojcowie ich nie znali. Podobnie jak zmieniają się sposoby komunikowania się i wzajemnego odnoszenia do siebie, tak samo zmieniają się sposoby uprawiania seksu. W łóżku niezbędne są nowe umiejętności.

Bez zrozumienia naszych odmiennych wymagań co do seksu, po kilku latach — albo miesiącach — seks staje się rutynowy i mechaniczny. Dzięki zaledwie kilku istotnym posunięciom możemy to przezwyciężyć.

Kobiety uwielbiają udany seks

Udany seks wymaga pozytywnego nastawienia. Aby mężczyzna wciąż czuł pociąg do swej partnerki, musi czuć, że ona lubi seks równie mocno jak on. Niejednokrotnie mężczyzna czuje się niepewny w sprawach seksu, bo błędnie odbiera przesłanie, że jego partnerki seks nie interesuje. Bez głębszego zrozumienia, jak odmiennie jesteśmy nastawieni do seksu, bardzo łatwo się zniechęcić.

Kobiety uwielbiają udany seks równie mocno jak mężczyźni. Różnica między kobietą a mężczyzną polega na tym, że ona nie czuje silnego pragnienia seksu, o ile najpierw nie zostanie zaspokojona jej potrzeba miłości. Co najważniejsze, kobieta najpierw musi poczuć, że mężczyzna ją kocha i że dla niego jest kimś wyjątkowym. Kiedy otworzy się jej serce, zacznie otwierać się na seks, i kobieta poczuje tęsknotę równą lub większą od tej, jaką czuje każdy mężczyzna. Dla niej miłość jest o wiele ważniejsza niż seks, jednak po zaspokojeniu potrzeby miłości radykalnie wzrasta u niej znaczenie seksu.

Kobiety uwielbiają udany seks równie mocno jak mężczyźni, lecz aby odczuć podniecenie, mają o wiele większe wymagania.

Nawet jeśli kobieta nie czuje się kochana, a tylko widzi możliwość miłości, może odczuwać głębokie pragnienie seksu. Natomiast mężczyzna, mówiąc ogólnie, potrzebuje tylko okazji i miejsca, by się pobudzić. Na początku związku pobudzenie seksualne następuje u mężczyzny automatycznie i szybko.

Na początku związku pobudzenie seksualne następuje u mężczyzny automatycznie i szybko.

Odmienne reakcje chemiczne kobiet i mężczyzn

Różnica w fizjologii mężczyzny i kobiety daje się zauważyć w reakcjach partnerów. W organizmie mężczyzny poziom hormonów odpowiadających za pobudzenie szybko rośnie, a po orgazmie szybko opada. U kobiety rozkosz rośnie o wiele wolniej i trwa jeszcze długo po orgazmie.

U partnerki pobudzenie narasta powoli, na długo zanim stanie się fizycznym pożądaniem seksu. Zanim kobieta zapragnie stymulacji seksualnej, czuje się „rozgrzana", zmysłowa i atrakcyjna. Czuje pociąg do mężczyzny i cieszy ją przebywanie z nim. Zanim zechce seksu, mogą upłynąć w jego towarzystwie długie dni.

U kobiety pobudzenie narasta powoli, na długo zanim stanie się fizycznym pożądaniem seksu. Mężczyźnie trudno zrozumieć odmienne wymagania kobiety, bo sam ich nie doświadcza.

Kiedy mężczyzna czuje się podniecony, od razu myśli o seksie. Wstrzemięźliwość wymaga z jego strony ogromnego opanowania. Trudno mu zrozumieć odmienne wymagania kobiety, bo sam ich nie doświadcza.

Kiedy mężczyzna wraca do domu z podróży, może natychmiast mieć ochotę na seks, podczas gdy jego żona potrzebuje trochę czasu na rozmowę. Wobec niezrozumienia tej różnicy mężczyzna może się czuć odtrącony, a kobieta wykorzystywana.

Na początku znajomości mężczyzna rozumie, że kobieta musi odczekać, zanim będzie gotowa, by uprawiać seks. Lecz kiedy już rozpoczną współżycie, on nie zdaje sobie sprawy, że ona nadal potrzebuje uczucia, zanim będzie chciała seksu. Wsparcie uczuciowe jest ceną wstępu. Mężczyzna nie rozumie, jak ważne jest to, by najpierw zaspokoił potrzeby emocjonalne kobiety, ponieważ sam nie ma takich wymagań.

„Mężczyznom tylko jedno w głowie"

Kobiety uważają, że mężczyźni mają tylko jedno w głowie: seks. A prawda jest taka, że mężczyźni naprawdę pragną miłości. Mężczyzna pragnie miłości tak samo jak kobieta, lecz zanim otworzy swe serce na miłość partnerki, konieczne jest pobudzenie seksualne. Jak kobieta potrzebuje miłości, by otworzyć się na seks, tak mężczyzna potrzebuje seksu, by otworzyć się na miłość.

Jak kobieta potrzebuje miłości, by otworzyć się na seks, tak mężczyzna potrzebuje seksu, by otworzyć się na miłość.

Ogólna wskazówka jest taka: kobieta potrzebuje spełnienia emocjonalnego, z a n i m zatęskni do kontaktu seksualnego. Mężczyzna natomiast uzyskuje gros swego spełnienia emocjonalnego p o d c z a s seksu.

Kobiety tego nie rozumieją. Za pośpiechem mężczyzny do seksu kryje się jeden powód: poprzez seks mężczyzna jest w stanie znowu czuć. Przez cały dzień tak bardzo koncentruje się na swej pracy, że traci kontakt z subtelnymi uczuciami. Seks pomaga mu znowu czuć. Poprzez seks serce mężczyzny zaczyna się „otwierać". Poprzez seks mężczyzna może dawać i otrzymywać miłość.

Kiedy kobieta zaczyna rozumieć tę różnicę, zmienia swoją wizję seksu. Zamiast postrzegać męskie pragnienie seksu jako coś brutalnego, a tym samym oderwanego od miłości, zaczyna widzieć w zachowaniu partnera sposób na odnalezienie miłości. Przeświadczenie kobiety o nadmiernej koncentracji mężczyzny na seksie może się radykalnie zmienić, kiedy kobieta zrozumie, dlaczego mężczyzna potrzebuje seksu.

Dlaczego mężczyźni potrzebują seksu

Mężczyźni potrzebują seksu, żeby czuć. Od tysięcy lat mężczyźni przystosowywali się do swego głównego zadania — obrońców i żywicieli. Zamykali się na swą wrażliwość, uczucia i doznania. Przydzielone ich płci zadania były ważniejsze niż oddawanie się zgłębianiu własnych doznań. Uczucia i wrażliwość tylko by przeszkadzały w spełnianiu ich prawdziwej roli.

Mężczyźni potrzebują seksu po to, żeby czuć.

Aby wyruszyć w dzikie ostępy albo na wojnę, mężczyźni musieli odsunąć swe uczucia na bok. Aby utrzymać i obronić rodzinę, mężczyzna ryzykował życie, narażając się na niewygody palącego słońca i mróz. Mężczyźni stopniowo przystosowywali się do tych wymagań, stając się z czasem nieczuli. W istocie tę różnicę wyraźnie oddaje wrażliwość skóry. Skóra kobiety jest dziesięciokrotnie wrażliwsza niż mężczyzny.

Aby nie poddawać się bólowi, mężczyźni nauczyli się „wyłączać" swe uczucia.

Kiedy jednak przestali odczuwać ból, stracili także zdolność odczuwania przyjemności i miłości. Dla wielu mężczyzn oprócz bólu na skutek uderzenia się młotkiem w palec albo przyjemności obejrzenia transmisji meczu piłkarskiego uprawianie seksu to jedyny sposób, w jaki potrafią czuć! Seks jest z całą pewnością tym sposobem, w jaki potrafią czuć najintensywniej. Kiedy mężczyzna jest pobudzony, na nowo odkrywa miłość ukrytą w swym sercu. Poprzez seks może czuć, a poprzez uczucia może powrócić do swej duszy.

Dlaczego kobiety nie rozumieją

Kobiety nie rozumieją tej odmienności, bo one mają inne wymagania. Kobieta nade wszystko potrzebuje bezpieczeństwa emocjonalnego, aby mówić o swych uczuciach. Kiedy czuje wsparcie, może na nowo odkrywać swoją miłość. Kiedy w ten sposób zostaną zapokojone jej potrzeby emocjonalne, potrzeby seksualne nabierają większej wagi.

Kobieta jest zakłopotana, kiedy partner chce seksu, a oboje nawet nie rozmawiają ze sobą albo on ją całymi dniami ignoruje. Jej wydaje się, że jego nie obchodzi dobro ich związku. Ona nie ma pojęcia, że mężczyzna pragnie seksu dlatego, bo chce ponownie dzielić z nią miłość. Jak dla kobiet bardzo ważne jest porozumienie, tak dla mężczyzn równie ważny jest seks.

Seksualna aktywność kobiety jest najsilniejszym znakiem, dzięki któremu mężczyzna może się dowiedzieć, że jest kochany. Seks może być najsilniejszym środkiem ożywienia uczucia miłości u mężczyzny.

Kiedy mama mówiła, że droga do serca mężczyzny prowadzi przez jego żołądek, lokalizowała ją mniej więcej o dziesięć centymetrów za wysoko. Bezpośrednie połączenie do serca mężczyzny stanowi właśnie seks.

Kiedy mama mówiła, że droga do serca mężczyzny prowadzi przez jego żołądek, lokalizowała ją mniej więcej o dziesięć centymetrów za wysoko.

Czego potrzebują mężczyźni

Mężczyzna dysponuje największą siłą i energią wtedy, kiedy czuje się doceniany, akceptowany i darzony zaufaniem. Kiedy kobieta jest pobudzona, daje mężczyźnie megadawki tego, czego mu najbardziej potrzeba.

Kiedy kobieta tęskni do zbliżenia seksualnego z mężczyzną, jest wtedy najbardziej otwarta i ufna. W bardzo dramatyczny sposób jest gotowa poddać się i ulec, i nie tylko obnażyć się do naga, lecz także przyjąć mężczyznę do swego ciała i całej swej istoty. Pragnąc mężczyzny w taki sposób, kobieta sprawia, że czuje się on akceptowany. Później, kiedy każde jego dotknięcie wywołuje przyjemną reakcję, mężczyzna czuje się bardzo doceniany. Najbardziej namacalnie i fizycznie czuje i doświadcza tego jego męskie jestestwo.

Nawet jeśli mężczyzna jest zestresowany po całym dniu pracy, lecz kiedy żona czuje obecność jego miłości oraz wsparcie i cieszy ją seks z nim, mężczyzna może od razu odzyskać swój dawny wigor. Choć wydaje się, że to siła seksu, mężczyzna znowu czuje i jest w stanie „wpuścić" jej miłość. Jak spragniony wędrowiec na pustyni, podczas seksu mężczyzna może wreszcie się odprężyć i napić z oazy swych uczuć.

Jak spragniony wędrowiec na pustyni, podczas seksu mężczyzna może wreszcie się odprężyć i napić z oazy swych uczuć.

Dzięki pieszczotom i wejściu w ciepło jej miękkiego i kochającego ciała mężczyzna może pozostać twardy i męski, a zarazem doświadczać własnej miękkości i ciepła. Dzięki umiejętnemu powstrzymywaniu swych namiętności seksualnych mężczyzna jest w stanie stopniowo otwierać się nie tylko na przyjemne doznania, ale także na najgłębszą radość kochania i bycia kochanym.

Co sprawia, że seks jest udany

Mniej więcej w piątym roku małżeństwa z Bonnie zacząłem świadomie pojmować, co naprawdę decyduje o tym, że seks jest udany.

Któregoś razu po naprawdę udanym seksie powiedziałem: „Ach, było wspaniale. Bardzo mi się podobało. Podobała mi się każda chwila. Było tak dobrze jak na początku...”

Popatrzyłem na Bonnie, spodziewając się, że skinie głową albo powie coś w rodzaju: „Tak, było rewelacyjnie”. Ale ona tylko patrzyła na mnie zagadkowo.

„Tobie się nie podobało?” — spytałem.

„Myślałam, że było o wiele lepiej” — odparła rzeczowo.

Nagle opanowały mnie mieszane uczucia. Pomyślałem: Co to znaczy, że było lepiej? Czy na początku tylko udawałaś? Jak możesz mówić, że było lepiej? To znaczy, że na początku naszego współżycia nie było wspaniale?

„Kiedy zaczęliśmy współżycie — kontynuowała Bonnie — było cudownie, ale ty mnie dobrze nie znałeś, a ja dobrze nie znałam ciebie. Trzeba lat, żeby kogoś dobrze poznać. Kiedy teraz kochasz się ze mną, wiesz, kim jestem. Wiesz o tym, co we mnie jest najlepsze, i o tym, co najgorsze, i wciąż mnie pożądasz i kochasz. I dzięki temu teraz seks jest dla mnie głębszy, bardziej udany”.

Od tego momentu zacząłem sobie uświadamiać prawdę zawartą w jej wypowiedzi. Tym, co sprawia, że seks jest naprawdę udany, jest miłość. Im lepiej się kogoś pozna i bardziej pokocha, tym większa szansa rozkwitu doświadczeń seksualnych.

Z upływem lat zmieniało się także moje doświadczenie seksualne. Następowało to stopniowo, tak że nawet tego nie zauważyłem, dopóki Bonnie mi nie uświadomiła. Dopiero ta świadomość pozwoliła mi skupić uwagę na tym, jak sprawić, by seks był jeszcze lepszy.

W następnym rozdziale zobaczymy, jak można nieustannie doskonalić seks.

ROZDZIAŁ DRUGI

SEKS I NAMIĘTNOŚĆ

Bez namiętności seks staje się nudny. Dzięki sztuce miłosnej oraz samej miłości partnerzy mogą wciąż przeżywać wielką namiętność i spełnienie. Z upływem czasu mężczyzna patrzący na nagie ciało swej żony i dotykający go, może być bardziej podniecony niż kiedykolwiek. Nie tylko może być podekscytowany przyjemnością pobudzenia i powiększającej się intensywności seksualnej, lecz także może być świadom, o ile więcej miłości, ciepła, namiętności i rozkoszy zmysłowej będzie mógł sam przeżyć, a także dać partnerce. Taka świadomość pozwala myśleć o jeszcze wyższym poziomie doznań i ekscytacji.

Kiedy ona czuje tę namiętność, może cieszyć się jego nieprzerwanym pragnieniem, by się z nią zespolić i dawać jej rozkosz. Ponadto kobieta uznaje seks za dobrą okazję do dzielenia się miłością w taki sposób, który mężczyznę najlepiej ożywia. Seks staje się pięknym wyrazem jej miłości do niego i okazją otrzymywania jego miłości do niej.

Po opanowaniu sztuki miłosnej mężczyzna będzie o wiele lepiej uzmysławiał sobie, że nie tylko kocha partnerkę, ale także sam otrzymuje potrzebną mu miłość. Ona będzie go podniecała nie tylko dlatego, że on jest właśnie pobudzony, ale dlatego, że on ją kocha i chce być blisko niej. Bez odwoływania się do seksualnych fantazji, mężczyzna będzie doskonale wiedział, kogo kocha.

Seks jest wspaniały wtedy, kiedy dzielimy się nim w miłości i ta miłość wciąż się rozwija. Aby kobieta doznawała uczucia spełnienia seksualnego w związku z mężczyzną, przede wszystkim potrzebuje wsparcia emocjonalnego, ale ważne jest także to, by mężczyzna rozumiał jej odmienne potrzeby seksualne.

Aby mężczyzna doznawał coraz większego spełnienia seksualnego, przede wszystkim potrzebuje poczucia, że potrafi zaspokoić swą partnerkę. Wymaga to od niego poszukiwania nowych umiejętności, nie tylko w związku, ale także w łóżku.

Aby kobieta doznawała uczucia spełnienia seksualnego w związku z mężczyzną, przede wszystkim potrzebuje wsparcia emocjonalnego, ale ważne jest także to, by mężczyzna rozumiał jej odmienne potrzeby seksualne.

Jak można poprawić seks

Seks zawsze można udoskonalić, lecz — jak we wszystkim innym — niezbędna jest nowa wiedza i możliwość jej praktycznego opanowania. Większość mężczyzn nigdy nie uczyła się, jak uprawiać seks. Skoro potrafią się pobudzić czy masturbować, poniekąd naturalnie oczekuje się od nich wiedzy seksualnej. Oczywiście, mężczyźni wiedzą, co trzeba robić i jak mieć orgazm w ciągu dwóch minut, lecz sztuka dawania kobiecie rozkoszy to zupełnie inna historia. Skąd mężczyźni mają wiedzieć, co uszczęśliwia kobietę, skoro sami nie są kobietami? Aby seks był udany, mężczyzna musi zrozumieć ciało kobiety i wiedzieć, co ją pobudza.

Skąd mężczyźni mają wiedzieć, co uszczęśliwia kobietę, skoro sami nie są kobietami?

Mężczyznom trudno jest ustalić, co naprawdę usatysfakcjonuje kobietę w łóżku, ponieważ oni mają to już wiedzieć. Przeważnie mężczyzna faktycznie myśli, że wie. Błędnie zakłada, że to, co uszczęśliwia jego, uszczęśliwi także ją. Kiedy kobieta nie jest zaspokojona, on myśli, że z nią jest coś nie w porządku. Nie rozumie, że kobiece potrzeby doznań seksualnych są radykalnie odmienne od jego potrzeb.

Mężczyzna nie rozumie, że kobiece potrzeby doznań seksualnych są radykalnie odmienne od jego potrzeb. Błędnie zakłada, że to, co uszczęśliwia jego, uszczęśliwi także ją.

Pierwszy raz

Pamiętam ten pierwszy raz w moim życiu. W rozmowie z partnerką zdecydowaliśmy się iść na całego. Byłem ogromnie podniecony. Natychmiast i instynktownie zacząłem wypady na pole podbramkowe, by tak szybko, jak tylko możliwe, strzelić gola. Pierwsza sytuacja podbramkowa — całowałem ją. Druga sytuacja — jestem na niej. Trzecia sytuacja — wszedłem w nią, a potem zaliczyłem gola orgazmem.

Zanim dotarłem do celu, zauważyłem, że partnerka stosowała inną taktykę. Nie kierowała się wprost ku mojej sferze erogennej. Jakby celowo robiła auty. Powoli wodziła dłońmi w górę i w dół po moim ciele. Między moje uda, a potem znowu na tors. Wzdłuż moich ramion, a następnie w tę i z powrotem po torsie i po plecach. Dotykała mnie wszędzie tam, gdzie wcale nie pragnąłem być dotykany. Ponieważ planowaliśmy iść na całego, sięgnąłem po jej dłoń, położyłem ją między moimi nogami i powiedziałem: „Tutaj".

Kobiety zwalniają, a mężczyźni przyspieszają

Wtedy nie rozumiałem, co ona robi. Myślałem, że próbuje mnie torturować. Nie interesowało mnie dotykanie całego ciała. Pragnąłem tylko, by mnie dotykała w jednym miejscu.

Później, kiedy dobrze poznałem kobiece ciało, odkryłem, że ona robiła to, co chciała, bym ja robił.

Mężczyźni nie wiedzą instynktownie, co się podoba kobietom, a nawet kiedy o tym usłyszą, mają skłonność do zapominania. W każdej piosence i książce o seksie powtarza się to samo: „Nie bądź taki szybki Bill". Kobiecie podoba się mężczyzna z wolną ręką. Mimo to, kiedy on robi się podniecony, przyspiesza. Zakłada, że ona chce szybciej, bo on tak właśnie chce. Mężczyzna nie ma pojęcia, o ile bardziej byłby dla niej podniecający, gdyby potrafił się opanować.

Kobiecie podoba się mężczyzna z wolną ręką.

Kiedy mężczyzna robi się podniecony, stosuje tego rodzaju stymulację, której sam pragnie, a nie taką, jakiej potrzebuje kobieta. Aby z czasem seks stał się udany, mężczyzna musi sobie uświadomić odmienne potrzeby kobiety, a kobieta musi pomóc partnerowi, tak by mógł ją seksualnie zadowolić.

Czym różni się seks z perspektywy mężczyzn i kobiet

Seks jest zdecydowanie odmiennym przeżyciem dla kobiet i dla mężczyzn. Mężczyzna przeżywa rozkosz przede wszystkim jako rozładowanie napięcia seksualnego. Kobieta przeżywa seks zupełnie inaczej. W jej przypadku wielka radość seksu koresponduje ze stopniowym wzrostem napięcia. Im bardziej kobieta może czuć, że pragnie seksu, tym większe daje jej spełnienie.

Mężczyzna przeżywa rozkosz przede wszystkim jako rozładowanie napięcia seksualnego. U kobiety przyjemność koresponduje ze stopniowym wzrostem napięcia seksualnego.

Dla mężczyzny seks jest testosteronowym popędem ku kulminacji rozładowania w szczytowaniu. Kiedy mężczyzna robi się podniecony, automatycznie dąży do rozładowania. Jego spełnienie seksualne wiąże się głównie z uwolnieniem napięcia prowadzącego do orgazmu.

Wewnątrz ciała mężczyzny rzeczywiście nasienie czeka na uwolnienie. Inaczej niż kobieta, u której płyny wydzielają się wskutek pobudzenia, pobudzony mężczyzna od razu szuka rozładowania. W pewnym sensie on dąży do tego, by wydalić, podczas gdy ona pragnie być napełniona.

Pragnienie mężczyzny, by dotykano wrażliwych sfer jego ciała, jest czymś oczywistym. On nie potrzebuje pomocy na etapie podniecenia. Potrzebuje pomocy dla rozładowania, czyli uwolnienia podniecenia. W pewnym sensie on dąży do zakończenia podniecenia, podczas gdy kobieta dąży do poszerzenia podniecenia, aby głębiej odczuwać wewnętrzne tęsknoty.

Kobieta rozkoszuje się jego umiejętnością stopniowego „budowania" jej pragnienia, by dotykano najbardziej wrażliwych sfer jej ciała. Kiedy usuwa się jedną warstwę po drugiej, a nie naraz, kobieta tęskni do odsłonięcia głębszych pokładów jej zmysłowej duszy. Mężczyzna pragnie niezwłocznie zaspokoić swoją żądzę stymulacji seksualnej, kobieta natomiast jest spragniona i stęskniona tego, by odczuwać powiększanie się jej żądzy.

Dlaczego mężczyźni pragną rozładowania

Kiedy mężczyzna dotyka miękkiej, nagiej piersi kobiety, gładkiego wnętrza jej ud czy ciepłej, wilgotnej pochwy, zaczyna odczuwać wewnętrzną chęć przeżywania rozkoszy i miłości. Dotykając tej miękkiej kobiecości, mężczyzna może zespolić się z własną miękkością, a mimo to pozostać twardy, skoncentrowany i męski.

Zmysłowość jest elementem jego istoty, ale on doświadcza jej głównie poprzez dotykanie ciała kobiety i w reakcji kobiety na odczuwanie rozkoszy. Wielokrotnie po udanym seksie z moją żoną uświadamiam sobie, że zapomniałem, jakie piękne są drzewa w naszej okolicy. Wychodzę przed dom, oddycham świeżym powietrzem i czuję, że znowu żyję.

Nie chodzi o to, że w pracy nie odczuwałem tego uniesienia, że żyję, ale o to, że dzięki zespoleniu z żoną, poprzez udany seks, mogę się na nowo przebudzić i ożywić moje najbardziej zmysłowe uczucia, o których łatwo się zapomina w kieracie pracy zawodowej. W pewnym sensie udany seks pozwala mi zatrzymać się i powąchać, jak pachną kwiaty.

Im bardziej mężczyzna w codziennym życiu jest „odłączony" od swych doznań, tym bardziej pragnie stymulacji i rozładowania seksualnego. Intensywna rozkosz rozładowania pozwala mu momentalnie „włączyć" swe uczucia i otworzyć serce. Dla mężczyzny głód seksu nie obejmuje tylko przeżycia rozkoszy, ale także przeżycie miłości.

Choć mężczyzna może sobie tego nie uświadamiać, jego uporczywa tęsknota seksualna to duchowe poszukiwanie integralności. Jałowy krajobraz życia w jego umyśle dąży do unii z bogatym, zmysłowym, barwnym i pachnącym terytorium jego serca.

Uporczywa tęsknota seksualna mężczyzny
to jego duchowe poszukiwanie integralności.
Jałowy krajobraz życia w jego umyśle dąży
do unii z bogatym, zmysłowym, barwnym
i pachnącym terytorium jego serca.

Kiedy mężczyzna zaspokoi swą potrzebę seksualnego dotykania i bycia dotykanym, automatycznie rośnie jego zdolność do odczuwania. Kiedy przebudzi się jego czujące ja, uwalnia się potężna energia. Mężczyzna może znowu przeżywać radość, miłość i spokój.

Rozkosze stosunku

Przed stosunkiem mężczyzna tęskni do tego, by wejść w ciało kobiety. Jego penis, twardy i wzwiedziony, jest gotowy zetknąć się z najbardziej świętą komorą kobiecego ciała. Kiedy mężczyzna wchodzi w nią, wsuwając się do pochwy, jego rozkosz ogromnie się nasila. Rozkosz ta wynika z uwalniania napięcia seksualnego.

Kiedy penis masuje z każdej strony ciepła i wilgotna pochwa kobiety, cała istota mężczyzny ożywa. Opuszcza on suchą domenę intelektualnego oderwania i zmierza do wilgotnej jamy wrażliwych i zmysłowych uczuć.

Podczas stosunku mężczyzna opuszcza suchą domenę swego intelektualnego oderwania i zmierza do wilgotnej jamy wrażliwych i zmysłowych uczuć.

Penis jest najbardziej wrażliwym narządem mężczyzny — dotykając penisa, dotyka się całego mężczyzny, koi go, podnieca i elektryzuje rozkoszą. Doznania miłości i przywiązania, tak łatwo odsuwane przez racjonalny umysł mężczyzny, budzą się nagle dzięki tej intensywności spełnienia seksualnego.

Po wejściu w pochwę mężczyzna odczuwa intensywną satysfakcję z osiągnięcia swego celu. Kiedy jego napięcie zostaje rozładowane, przeżywa napływ uczuć.

Po tym chwilowym uwolnieniu napięcia mężczyzna wycofuje się, by ponownie go doświadczać, a następnie rusza do przodu, by je uwolnić. To działanie, ruchy w tę i z powrotem, powiększa napięcie, a tym samym powiększa doznania wynikające z jego uwolnienia. W ten sposób napięcie wciąż rośnie, dopóki mężczyzna nie przeżyje finalnego rozładowania.

Jak mężczyzna czuje miłość

Mężczyzna swobodnie się czuje wtedy, kiedy osiągnie swój cel. Kiedy jego męskość z powodzeniem wywiąże się ze swego zadania, mężczyzna wyzwala w sobie kobiecą cząstkę swej istoty — pełnię uczuć. Kiedy mężczyzna zaspokoi własne pragnienia, a także zaspokoi partnerkę, może się odprężyć i zaznać spokoju, miłości i radości.

W istocie kiedy on i jego partnerka przeżywają orgazm, mężczyzna czuje, że wywiązał się ze swego zadania i został hojnie nagrodzony, czując jej uznanie i miłość.

Wyzwalając orgazm u kobiety, mężczyzna „otwiera" ją na pełne reagowanie na jego rozkosz. Po przeżyciu orgazmu kobieta może najlepiej dzielić się pełnią miłości i otwartości. W chwili szczytowania mężczyzna jest w stanie w pełni połączyć się z nią i otrzymywać tę miłość, jaką ona go obdarza. Na tyle, na ile partnerka go kocha, w tym momencie, mężczyzna jest w stanie przyjmować jej miłość w maksymalnym wymiarze.

Na tyle, na ile partnerka go kocha, w tym momencie, mężczyzna jest w stanie przyjmować jej miłość w maksymalnym wymiarze.

Wtedy kiedy mężczyzna wie, że partnerka jest zaspokojona i docenia go, może w pełni rozkoszować się tą chwilą. Bardziej niż kiedykolwiek mężczyzna może przyjmować jej miłość, czuć ją głęboko w swym sercu i potwierdzić swe oddanie.

Kiedy serce mężczyzny „otwiera się" podczas orgazmu, może czuć tę miłość głęboko w swym sercu i ponownie potwierdzić swe oddanie.

Terapia udanego seksu

Wszelkie zachowywane przez mężczyznę urazy łatwo usunąć wtedy, gdy przeżywa on udany seks. Dla mężczyzny nie ma lepszej terapii niż udany seks. Czasami fachowa terapia albo porada jest konieczna po to, by doprowadzić do tego miejsca, w którym mężczyzna i kobieta mogą przeżywać udany seks, lecz kiedy para już tam jest i wie, jak tam trafić, udany seks trzyma mężczyznę „na chodzie" i podtrzymuje czar namiętnej miłości. Nie zaznając regularnie udanego seksu, mężczyzna łatwo zapomina, jak bardzo kocha swą partnerkę. Może jej życzyć jak najlepiej i być dla niej dobry i miły, ale nie będzie czuł tej głębokiej więzi, jaka była na początku.

Gdy brakuje udanego seksu, drobne niedostatki partnerki w jego oczach urastają do coraz większych rozmiarów. Inaczej niż kobieta, która potrzebuje rozmowy o uczuciach, aby mogła czuć się bardziej kochana, mężczyzna czuje się bardziej kochany dzięki satysfakcjonującemu seksowi.

Jakkolwiek porozumienie jest w związku kwestią zasadniczą i prowadzi do udanego seksu, kiedy kobieta nie przeżywa udanego seksu, z czasem łatwo może się stać „twarda" pod brzemieniem obowiązków. Czuje się odpowiedzialna nie tylko za siebie, ale także za partnera. Zapomina o własnych pragnieniach zmysłowości seksualnej. Bez romantycznego wsparcia ze strony kochającego towarzysza kobiecie brakuje poczucia pewności w związku.

Dlaczego kobiety rozkoszują się pożądaniem

Im bardziej kobieta cały dzień podporządkowuje się trosce o innych i dawaniu innym, tym mniej uświadamia sobie siebie i własne pragnienia zmysłowe. Widząc związki uczuciowe u innych, gubi jednak własną potrzebę uaktywnienia tych uczuć.

Podobnie jak mężczyzna zapomina o uczuciach, tak kobieta zapomina o swych pragnieniach zmysłowych. Kwestie codziennej egzystencji przesłaniają głębsze i bardziej zmysłowe pragnienia. Im większą presję i przytłoczenie czuje kobieta, tym trudniej jest jej się odprężyć i cieszyć życiem.

Podobnie jak mężczyzna zapomina o uczuciach, tak kobieta zapomina o swych pragnieniach zmysłowych. Kwestie codziennej egzystencji przesłaniają głębsze i bardziej zmysłowe pragnienia.

Kiedy mężczyzna podchodzi do kobiety troskliwie i czule, wyzwala w niej ponowne doświadczanie siebie. Kiedy kobieta poczuje się uwolniona od presji troski o innych, może zacząć odczuwać własne pragnienia seksualne. Romantyczna atencja mężczyzny automatycznie zaczyna ją „otwierać".

Dzięki trosce, ożywieniu i zmysłowemu wsparciu, jakiego łaknie jej kobiecy pierwiastek, kobieta zaczyna świadomie odczuwać zmysłowe tęsknoty. Tak jakby w ogóle nie wiedziała, że pragnie takich podniet, dopóki ich nie otrzyma. Umiejętne dawanie kobiecie tego, czego potrzebuje, pomaga jej odkrywać własne potrzeby i tęsknić do czegoś więcej.

Na przykład, kiedy mężczyzna dotyka kobiety blisko jej sfer erogennych, a potem się wycofuje, rytmicznie, raz w tę, raz z powrotem, kobieta może zapragnąć bardziej intensywnego dotyku. Zręczny mężczyzna przenosi swe pieszczoty tam, gdzie ona chce, by dotykał, a potem, kiedy już jest blisko, wycofuje się. W efekcie powiększa się jej pragnienie, by dotykał jej właśnie tam. On drażni się z nią, dając trochę, to znów zabierając.

Kiedy mężczyzna dotyka jej ciała w nieerogennych sferach, graniczących z miejscami, gdzie zwykle jej nie dotyka, kobieta automatycznie zaczyna odczuwać potrzebę dotyku w sferach erogennych.

Podczas udanego seksu pożądanie kobiety stopniowo narasta. Na początku może ona czuć małe lub zaledwie nikłe pożądanie, lecz kiedy ono zostanie zaspokojone, a napięcie uwolnione, pożądanie rośnie. Kiedy jest ono wciąż zaspokajane, generuje nowe i coraz intensywniejsze pożądanie. W ten sposób, przez stopniowe narastanie i uwalnianie napięcia, kobieta może odczuwać maksymalne pragnienie połączenia się z mężczyzną i uwolnić je przez orgazm.

Sekret udanego seksu polega na tym, by mężczyzna powoli drażnił kobietę dla zwiększenia jej pożądania seksualnego. W następnym rozdziale będziemy zgłębiać sztukę drażnienia.

ROZDZIAŁ TRZECI

JAK DOPROWADZIĆ KOBIETĘ DO SZALONEJ ROZKOSZY

Kobiety najbardziej lubią rozmawiać wtedy, kiedy nie trzeba od razu dochodzić do sedna sprawy. Wielekroć, dla relaksu lub zbliżenia się do kogoś, lubią przez jakiś czas krążyć dookoła i stopniowo wyjawiać to, co chcą powiedzieć. To porównanie doskonale oddaje sposób, w jaki kobieta czerpie radość z seksu. Ona uwielbia go wtedy, kiedy mężczyzna bez pośpiechu dochodzi do sedna i przez jakiś czas krąży wokół.

Dopóki jej pożądanie i pobudzenie nie są intensywne, kobieta lubi być dotykana stopniowo. Przykładem niech będzie sytuacja, w której mężczyzna zanim przesunie palce lub wnętrze dłoni tak, by dotknąć jej piersi, powinien jakiś czas krążyć przy nich, zbliżając się coraz bardziej. Następnie, kiedy już-już ma ich dotknąć, powinien odsunąć dłoń w inne miejsce i zacząć od nowa.

Zamiast bezpośredniej stymulacji najbardziej wrażliwych miejsc — jaka odpowiada mężczyźnie — kobieta pragnie być drażniona i stopniowo doprowadzana do miejsca, w którym odczuwa największą rozkosz. Na przykład, mężczyzna zdejmując jej stanik, zamiast od razu go zdjąć, tak jak za każdym razem, czasami powinien powoli wodzić palcem po tkaninie, a dopiero potem stopniowo zsunąć ramiączko stanika, obnażając pierś, a po chwili znowu ją zakryć.

Kobieta pragnie być drażniona i stopniowo doprowadzana do miejsca, w którym odczuwa największą rozkosz.

Mężczyzna może drażnić kobietę, dając trochę, a następnie wycofując się i zaczynając od nowa. Powtarzanie tego aktu wywołuje u niej większe pożądanie. Jej zwiększona tęsknota daje większą rozkosz zarówno jej, jak i jemu. Kiedy on uświadomi sobie, co naprawdę ją podnieca, zacznie czuć władzę powstrzymywania własnej namiętności, tak by doprowadzić partnerkę do szalonej rozkoszy.

Kobieta potrzebuje odprężenia

Mężczyzna zasadniczo nie rozumie, że kobiecie potrzebne jest odprężenie i powolne wdrażanie do seksu. Mężczyzna zaczyna i już jest gotowy. Nie bardzo rozumie, że kobieta najpierw musi się odprężyć. On czasem chce orgazmu właśnie po to, by móc się odprężyć. Większość kobiet najpierw musi się odprężyć, zanim będzie je cieszyć udany seks.

Drażnienie i wstępna gra miłosna dają kobiecie czas na odprężenie i stopniowe wyzbycie się zahamowań. Wolne, rytmiczne i nieprzewidywalne dotykanie, pocieranie i masowanie sfer nieerogennych stopniowo rozbudza w kobiecie intensywną tęsknotę do dotykania jej sfer erogennych. Zanim mężczyzna może dać kobiecie spełnienie, ona najpierw musi mieć czas, by się odprężyć i poczuć w sobie tę cząstkę, która potrzebuje spełnienia.

Poradniki seksuologiczne często doradzają, by kobieta przygotowała się na seks, biorąc długą, ciepłą i relaksującą kąpiel, w przytłumionym, nastrojowym świetle. Zanim nie pojąłem różnic między mężczyznami a kobietami, nigdy nie mogłem zrozumieć tej rady. Jeśli sam wziąłbym długą, ciepłą kąpiel, prawdopodobnie bym zasnął. Teraz jednak widzę tę różnicę: kobiecie rzeczywiście bardzo dobrze zrobi długa, ciepła kąpiel.

Zrelaksowanie i delikatna stymulacja stanowią podstawę rozbudzenia kobiety. Wolno wodząc palcami po jej ciele i czule je całując, mężczyzna rozbudzi erogenne sfery kobiety, które zaczną tęsknić do jego pieszczot.

Kochanek z wolną ręką

Kiedy pytam kobiety, czego najbardziej oczekują od mężczyzny, wielekroć powtarzają, że, jak w piosence, pragną kochanka z wolną ręką. Taki wolny rytm wzmaga rozkosz, tak że kiedy jego palce i język wreszcie mają dotknąć jej piersi, brodawki są wzwiedzione i tęsknią do tego, by ich dotykać. Kiedy mężczyzna przesuwa się na wewnętrzne powierzchnie jej ud, wzgórek łonowy, wargi sromowe, łechtaczkę i pochwę, kobieta już jest wilgotna, gorąca i gotowa do pieszczot. Kiedy kobieta jest stymulowana w taki sposób, jej rozkosz wypływa z głębi jej istoty.

Mężczyzna jest inny. Bezpośrednie dotykanie penisa gwałtownie powiększa jego rozkosz. Wiele kobiet nie zdaje sobie z tego sprawy i frustruje mężczyznę, każąc mu za długo czekać, zanim wreszcie będą dotykać i pocierać jego narządy płciowe. Jeśli kobiecie się wydaje, że takie dotykanie jest zbyt bezpośrednie, może uwolnić partnera od sporej frustracji, przytulając się do niego tak, by poczuł ciężar jej ciała na swym kroczu.

Kobieta powinna pamiętać, że bezpośrednia stymulacja daje mężczyźnie maksimum rozkoszy.

Ponieważ pod tym względem mężczyźni są inni, powinni ćwiczyć opanowanie wolnego tempa. Kiedy mężczyzna zacznie świadomie doświadczać, jak cudownie, dzięki jego opanowaniu, czuje się jego partnerka, stopniowo będzie robił to instynktownie. Mężczyzna powinien pamiętać, że aby powiększyć rozkosz kobiety, musi opóźnić bezpośrednią stymulację. Potrwa to dłużej, a czasami będzie się wydawało, jakby nic się nie działo, ale w efekcie rozkosz kobiety będzie o wiele większa. Jeśli mężczyzna przeznaczy na to dodatkowy czas, nie tylko jego partnerka będzie szczęśliwsza, ale także i on przeżyje większą rozkosz.

> Mężczyzna powinien pamiętać, że aby powiększyć rozkosz kobiety, musi opóźnić bezpośrednią stymulację.

Obchodzenie świątyni

Niektóre świątynie w starożytności poświęcano kultowi kobiecego pierwiastka boga. Według jednego z rytuałów łączących się ze świątyniami bożej matki, trzeba obejść świątynię trzy razy dokoła, zanim się do niej wejdzie. Ta sama zasada stosuje się do kochania i adorowania kobiety podczas zbliżenia seksualnego.

Zanim mężczyzna dotknie bardzo delikatnego miejsca na ciele kobiety, powinien ją najpierw przygotować. Na przykład, kiedy ją całuje i przy tym nagle wsunie język w jej usta, może to być zbyt gwałtowne. Powinien raczej pocałować ją subtelnie kilka razy i dopiero wtedy, kiedy kobieta zacznie się „otwierać", partner może wsunąć język w jej usta. Mężczyzna da jej cudowne doznanie, kiedy najpierw będzie krążył językiem płytko wewnątrz jej ust, zanim wniknie w nie głębiej.

Dotykając jej piersi i brodawek, mężczyzna też powinien najpierw krążyć dookoła. Na przykład, zamiast bezpośrednio dotknąć piersi, a potem brodawki, powinien najpierw powoli przesuwać rękę w dół ku piersi, a potem znowu do góry. Następnie powolnymi, rytmicznymi ruchami tam i z powrotem może się zbliżyć.

Kiedy mężczyzna zacznie dotykać piersi kobiety, może łagodnie przesuwać rękę tam i z powrotem, nakrywając pierś pełną dłonią, tak jak obejmuje ją miseczka stanika. Może poruszać ręką tam i z powrotem, delikatnym, kołyszącym ruchem. Wreszcie może wodzić dłonią po całej piersi. Następnie może ją ścisnąć, puścić i znowu ścisnąć. Raz tak, raz tak. Wszystkie te ruchy służą temu, by stopniowo to powiększać, to redukować stymulację.

Każdy mężczyzna z łatwością opanuje sztukę zdejmowania stanika. Przed laty, gdy chciałem zdjąć stanik mej partnerki, dosłownie zmagałem się z zapięciem. Seks stawał się od razu bardzo nieporadny i niezręczny. Skąd mężczyzna ma wiedzieć, jak się zdejmuje stanik, skoro sam go nie nosi?

Ten problem łatwo rozwiązać. Któregoś dnia, gdy twojej żony nie ma w domu, znajdź szufladę z jej stanikami i poświęć pięć minut na zapoznanie się z nimi. Po kilku minutach możesz zostać ekspertem. Zasadniczo są trzy rodzaje zapięć: na wcisk góra-dół, na haftki z prawa na lewo i z przodu. Przećwicz rozpinanie, żebyś umiał to robić bez wysiłku jedną ręką. Następnie zamknij oczy i dalej ćwicz odpinanie jedną ręką.

Następnym razem twoja partnerka będzie pod dużym wrażeniem, kiedy ty spokojnie i pewnie rozepniesz jej stanik. Kobiety lubią mężczyzn pewnych siebie. To jest teren, na którym mężczyzna ma wiedzieć, co robić. Kiedy uwolni partnerkę od stanika jedną ręką, ona zacznie „topnieć" i podda się jego mistrzowskiemu dotykowi.

Jak powiększyć pożądanie

Aby zwiększyć pożądanie partnerki, mężczyzna może dotknąć jej gdzie indziej, a następnie powrócić do jej piersi i zacząć wszystko od nowa. Tym razem, wracając, może się bardziej zbliżyć do brodawki. Zamiast zrobić to bezpośrednio, powinien ją musnąć, jakby to było przypadkowe dotknięcie. To da kobiecie okazję, by poczuła wrażliwość brodawki i zatęskniła do czegoś więcej.

Kiedy mężczyzna wraca ku jej piersi, powinien przez chwilę wodzić po niej okrężnymi ruchami. W tym przypadku trzy okrążenia nie wystarczą. Zapewne trik się uda, jeśli mężczyzna odczeka dziesięć razy dłużej niż zrobi to normalnie.

Kiedy już dotyka brodawki, może ją delikatnie pocierać w tę i z powrotem, w tę i z powrotem, w tę i z powrotem. Powinien do tego podchodzić tak, jakby miał mnóstwo czasu. Kiedy brodawka będzie wzwiedziona, mężczyzna może ją delikatnie polizać albo zacząć ją ssać. Kobieta szczególnie się pobudzi, kiedy mężczyzna, ssąc brodawkę, jednocześnie będzie pocierał jej łechtaczkę.

Zdejmowanie majtek

Mężczyzna powinien dotykać partnerki między nogami dopiero wtedy, gdy uzna, że jest już wilgotna. Czasami dobrze jest najpierw dotknąć tkaniny majtek i stopniowo drażnić srom.

Kobieta się roznamiętnia, jeśli partner od razu nie ściąga jej majtek. Lepiej jeśli zacznie je ściągać, a potem znów lekko je podciągnie.

Zamiast zdejmować majtki, mężczyzna może dotykać partnerki przez materiał, z tyłu, potem z przodu, a następnie wzdłuż skraju do dołu. Potem może wsunąć palec do środka, między jej nogi, i dotykać włosków i sromu.

Kiedy mężczyzna delikatnie sprawdzi palcem, że partnerka jest już wilgotna, może jej zdjąć majtki. Albo zamiast je od razu ściągnąć, może to jeszcze odwlec, aby dać znać partnerce, że panuje nad własną namiętnością.

Choćby jego namiętność sięgała zenitu, mężczyzna może nad sobą panować. Taka powściągliwość i opanowanie pozwolą partnerce uwolnić się od zahamowań i wyzwolić spod kontroli. Zamiast zdejmować jej majtki, mężczyzna może sięgnąć na jej pośladki i wcisnąć majtki w rowek między nimi. Po takiej zamianie majtek w trójkącik łonowy mężczyzna może dotykać i pocierać pośladki partnerki i wewnętrzne powierzchnie jej ud. W końcu może zdjąć jej majtki i zacząć pocierać wnętrza ud i wodzić ręką wokół całego sromu, żeby wreszcie dotknąć łechtaczki.

Dotykanie łechtaczki

Częstokroć mężczyźni zapominają o dotykaniu łechtaczki. Często kobiety skarżą mi się, że mężczyzna tam jej nie dotyka albo że kiedy stara się to robić, z reguły nie trafia, a jeśli nawet trafi we właściwe miejsce, nie dotyka dostatecznie długo. Wiele kobiet widzi w tym oznakę, że jemu tak naprawdę wcale na niej nie zależy.

Taka ocena generalnie nie jest słuszna. Mężczyzna zapomina o dotykaniu łechtaczki, ponieważ nie rozumie, jakie to jest ważne. Oto kilka faktów, które pomogą mu o tym pamiętać. W moich wywiadach oraz w większości opracowań na temat seksu kobiety przyznają, że dziewięćdziesiąt osiem procent przeżywanych przez nie orgazmów jest bezpośrednim efektem stymulacji łechtaczkowej.

Mężczyzna zapomina o dotykaniu łechtaczki nie dlatego, że nie obchodzi go zaspokojenie partnerki, ale dlatego że instynktownie nie rozumie, iż prawie wszystkie orgazmy kobiety są bezpośrednim efektem stymulacji łechtaczkowej.

Mężczyźni, wyobraźcie sobie seks bez stymulacji penisa! Z pewnością nie byłby w pełni udany. Podobnie kobieta, aby cieszyć się udanym seksem, potrzebuje stymulacji łechtaczki przez pięć do piętnastu minut — jeśli partner chce, by miała orgazm.

Na ogół w poradni mężczyzna mówi mi, że dotyka łechtaczki żony przez pięć do piętnastu minut. Jednak na osobności jego żona twierdzi, że on jej tam dotyka rzadko, a jeśli już, to ledwie przez minutę czy dwie.

Zapewniam ją, że on naprawdę myśli, iż robi to dłużej, a następnie uczę ją sztuki miłosnej, aby otrzymała to, czego pragnie. Jeśli kobieta od razu pogodzi się z tym, że mężczyzna ma skłonność do zapominania o jej potrzebach, może w końcu otrzymać to, czego pragnie. Jeśli będzie się na niego wściekać, niczego nie osiągnie.

Więcej czasu dla partnerki

Jeśli mężczyzna nie dotyka jej łechtaczki dostatecznie długo, sugeruję kobiecie, by to robiła dalej sama. Dzięki temu on otrzyma sygnał, ale nie poczuje się krytykowany, korygowany ani kontrolowany. Kiedy zaś przekona się, jak bardzo partnerce to odpowiada, sam zacznie na to przeznaczać więcej czasu.

Jeśli ona chciałaby być dotykana w jakiś inny sposób, zamiast cierpliwie i milcząco znosić to, co on robi, sama może wykonywać te ruchy, których od niego oczekuje. W takich sytuacjach mężczyzna powinien wziąć poduszkę i tak się położyć, żeby to widzieć i się uczyć.

Bardzo skuteczny sposób, dzięki któremu mężczyzna może się nauczyć, jak dać kobiecie dłuższe interludium w seksie, polega na mierzeniu czasu. Nie brzmi to romantycznie, ale z całą pewnością działa. Zalecam, by mężczyzna dyskretnie położył zegarek przy łóżku. Dotykając sromu i łechtaczki partnerki, może raz po raz spojrzeć na zegarek i obliczyć czas.

Mężczyźni częstokroć ze zdumieniem odkrywają, że kiedy są pobudzeni, naprawdę żyją w innej strefie czasowej. To, co wydaje się im dziesięcioma czy piętnastoma minutami stymulacji, trwa zaledwie jedną czy dwie minuty.

Nastawiając się na pięć do piętnastu minut, mężczyzna może partnerkę stymulować tak, jak ona naprawdę potrzebuje. Kiedy zostanie przygotowana w taki sposób, może rozpocząć stosunek.

Umiejętna stymulacja

Sprawna kochanka bezpośrednio stymuluje najbardziej wrażliwą i najbardziej erogenną strefę ciała mężczyzny —

jego penis i jądra. Kiedy są one stymulowane, całe ciało mężczyzny stopniowo się rozbudza i chce być dotykane, lizane i tak samo stymulowane. Wtedy partnerka może z powodzeniem zastosować wszystkie techniki drażnienia, które podniecиłyby ją samą. U mężczyzny najpierw stymulować trzeba jego najbardziej wymagający i wrażliwy organ.

Sprawny kochanek najpierw stymuluje najmniej wrażliwe i najmniej erogenne sfery ciała kobiety. Najpierw niech dotknie jej włosów, pocałuje ją w usta, ale bez wsuwania języka do środka, weźmie ją w ramiona, dotknie jej nóg, ale nie wewnętrznych powierzchni ud, dotknie jej pleców albo pośladków. Potem niech delikatnie przylgnie do niej całym ciałem, unosi się i opada na nią, pocierając ją swą pachwiną ruchami okrężnymi.

Stopniowo dotykając całego ciała partnerki lub rytmicznie stymulując okolice sfery erogennej, mężczyzna rozbudza bardziej wrażliwe miejsca i sprawia, że kobieta chce być tam dotykana. Następnie, także pośrednio, mężczyzna może zapewnić powtarzalną stymulację bardziej wrażliwych miejsc ciała partnerki.

Sprawny kochanek najpierw stymuluje najmniej wrażliwe i najmniej erogenne sfery ciała kobiety. Sprawna kochanka najpierw stymuluje najbardziej wrażliwy i najbardziej erogenny organ mężczyzny.

Dzięki opanowaniu sztuki powolnego zwiększania pożądania u kobiety, mężczyzna zyska pewność, że będzie wiedział, jak doprowadzić swą partnerkę do szalonej rozkoszy. Sama ta pewność siebie jest dla kobiety bardzo ekscytująca. W następnym rozdziale dowiemy się, jak powiększyć seksualną pewność siebie.

ROZDZIAŁ CZWARTY

SEKSUALNA PEWNOŚĆ SIEBIE

Seksualna pewność siebie jest najsilniejszą podnietą zarówno dla mężczyzn, jak i dla kobiet. Kobieta jest podniecona, kiedy wyczuwa, że partner doskonale wie, jak ją zadowolić. Jego pewność siebie przekonuje ją, że on wie, co robić, że elastycznie zareaguje, jeśli coś się nie uda, i że panuje nad sytuacją. Mężczyzna też jest podniecony, kiedy kobieta jest pewna siebie, ale w inny sposób.

Seksualna pewność siebie
jest najsilniejszą podnietą.

Kiedy mężczyzna wyczuwa wiarę kobiety w niego i kiedy w jej oczach czyta, iż ona wie, że będzie jej dobrze, i że chce, by poszedł z nią do łóżka, jest jeszcze bardziej podniecony.

Jeśli wydaje się, że kobieta aż nadto dobrze wie, co zrobić, by doprowadzić mężczyznę do szaleństwa, dla niego może to być deprymujące. Może zacząć się zastanawiać, czy potrafi zrobić dla niej równie dużo; może zacząć wątpić, czy potrafi ją zaspokoić. Oczywiście to dobrze, że ona wierzy w swoją zdolność do zaspokojenia partnera. Jednak, podobnie jak w przypadku wszystkich tajemnic sztuki miłosnej, jej zdolność do zaspokojenia partnera polega na tym, by mu pomóc, aby zaspokoił ją.

Uczenie się seksu

Zanim zacząłem prowadzić seminaria seksuologiczne, przez dziewięć lat byłem mnichem i żyłem w celibacie. Jako mnich nauczałem filozofii spirytystycznej i medytacji. Kiedy skończyłem 27 lat, moje życie radykalnie się zmieniło. Opuściłem klasztor, wróciłem do świata i znowu zacząłem uprawiać seks.

Po dziewięciu latach abstynencji płciowej byłem niczym człowiek, który zabiera się do jedzenia po długim poście. Czułem wielką potrzebę nadrobienia tego, co straciłem. Mogłem myśleć wyłącznie o kobietach, miłości i seksie. Seks na śniadanie, na obiad i na kolację. Czasami po kilku godzinach seksu byłem taki obolały, że chodziłem tak, jakbym miał między nogami kule bilardowe.

Czytałem o seksie wszystko, co się dało, i korzystałem z niego, ile się dało. Chciałem się o nim dowiedzieć wszystkiego. W końcu rozpocząłem studia doktoranckie z zakresu seksuologii i psychologii.

Kiedy byłem z kobietą, tłumaczyłem jej, że przez dziewięć lat byłem mnichem i właśnie się uczę seksu. Prosiłem ją, by mnie nauczyła swego ciała i powiedziała mi, jakie przeżycia seksualne dają jej największe zaspokojenie.

Takie podejście przyniosło świetne efekty. Kobietom nie przeszkadzała moja ignorancja seksualna, bo byłem mnichem. Nie tylko mocno się podniecały, informując mnie, jaki seks lubią, ale także wiele mnie nauczyły.

Po dwu latach intensywnych eksperymentów z seksem, według różnych starożytnych tradycji, zacząłem prowadzić z moją ówczesną partnerką seksualną zajęcia z zakresu seksu i spirytyzmu. Dyskutowaliśmy na temat tego, co sprawia, że seks jest wspaniały zarówno dla mężczyzn, jak i dla kobiet. Podczas tych seminariów wielu uczestników otwarcie wypowiadało się o tym, co czyni seks niezapomnianym.

Wszyscy skorzystaliśmy z wypowiedzi o tym, co lubią, a czego nie lubią mężczyźni i kobiety. Choć ja prowadziłem te dyskusje, sam też się wiele nauczyłem. Robiłem notatki, a następnie próbowałem różnych rzeczy z partnerką w domu.

Dlaczego rozmowa nie zawsze przynosi efekty

Większość mężczyzn nigdy nie była mnichami, więc czuje się niezręcznie, gdy szczegółowo wypytuje kobietę o to, co ona lubi w seksie. Nie tylko mężczyzna uważa, że powinien być ekspertem w sprawach seksu, ale także kobieta chce, by jej partner instynktownie wiedział, co ma robić. Kobieta może też opierać się przed zdradzeniem mu, co lubi, bo chce, żeby seks był czymś, co wspólnie odkrywają.

Kobieta czuje, że jeśli mężczyzna naprawdę ją kocha, będzie wiedział, co robić. Te uczucia są pożywką dla fantazji romantycznych, ale nie tworzą udanego seksu. Ponadto kobieta przeważnie boi się ujawnienia swych pragnień, bo lęka się osądów albo tego, że partner nie będzie chciał zrobić tego, co ona chce. Jeśli sama musi mówić mężczyźnie, co on ma robić, seks traci sporo romantyzmu.

Kobieta czuje, że jeśli mężczyzna naprawdę ją kocha, będzie wiedział, co robić. Te uczucia są pożywką dla fantazji romantycznych, ale nie tworzą udanego seksu.

Choć większość książek seksuologicznych podaje, że rozmowa na temat upodobań i urazów seksualnych jest ważna, pary z reguły o tym nie rozmawiają. W naszym społeczeństwie powszechne są silne opory przed wypowiadaniem się o seksie, zatem na ogół rozmawiamy o nim dopiero wtedy, gdy coś nie gra. Niezadowolony partner zaczyna mówić o swych pragnieniach, ale wówczas druga strona wysłuchuje tego niechętnie. Rozmowa zatem, zamiast być przyjemnym doświadczeniem, staje się krytyką albo reprymendą.

Mężczyźni są szczególnie przeczuleni w rozmowie. Kobieta mówi, czego by chciała albo czego nie lubi, a on słyszy: „Jesteś kiepski. Inni mężczyźni wiedzą, jak to się robi, a ty co? Co jest z tobą?"

Paradoksalnie, od mężczyzny oczekuje się wiedzy o seksie, a skoro ma wiedzieć, nie może pytać partnerkę, co ona lubi, żeby się tego nauczyć. Tak jak kobiety czasami udają orgazm, aby zadowolić mężczyznę, tak mężczyźni muszą udawać pewność siebie, aby zadowolić kobietę. Wielu mężczyzn chce się dowiedzieć więcej, ale nie wie, jak rozmawiać o seksie, by nie dać poznać, że nie wie wszystkiego.

Tak jak kobiety czasami udają orgazm, aby zadowolić mężczyznę, tak mężczyźni muszą udawać pewność siebie, aby zadowolić kobietę.

Łatwe sposoby rozmawiania o seksie

Jednym ze sposobów porozumienia jest wspólna lektura książek na temat seksu i rozmowa o nim. O wiele łatwiej jest podjąć ten temat, jeśli partner nie czuje się obwiniany za to, że w łóżku nie jest dobry. Kiedy mowa o czymś, co ci jest miłe, zareaguj cichym „uhmmm" albo głośniejszym „uhmmm", co będzie dla partnera wskazówką.

Niezależnie od tego, ile wiemy o seksie, uświadomienie sobie różnic między mężczyzną a kobietą stwarza całkiem nowy punkt widzenia. Dzięki temu mamy większą motywację, by dawać partnerowi to, czego pragnie. Na wykładach o seksie czasami proszę słuchaczy, by klaskali, kiedy podoba im się to, co mówię. Ma to pokazać, że omawiam kwestię, która występuje w ich związku. Mężczyźni bywają zaskoczeni, kiedy kobiety najmocniej biją brawo, i na odwrót. Żaden mąż nie bierze tego do siebie, kiedy żona klaszcze, bo prawie wszystkie kobiety klaszczą, a poza tym ona przecież klaszcze, bo coś jej się podoba, a nie dlatego, że skarży się na niego. Żona nie musi mężowi mówić wprost, czego potrzebuje, ponieważ on może zaobserwować jej reakcję.

W ten sposób wiele par, które w ogóle przestały uprawiać seks, nagle zaczyna cieszyć się udanym seksem. Poznając różnice płci w ten sposób, mężczyźni i kobiety są w stanie lepiej je zapamiętać, a tym samym mają większą motywację, by robić to, co jest konieczne do udanego seksu.

Każda kobieta jest inna

Nie dość, że mężczyźni różnią się od kobiet, to każda kobieta jest inna. Aby mężczyzna zrozumiał potrzeby kobiety, czasami wystarczy zwyczajna rozmowa. Ale to nie koniec, bo nie dość, że kobiety są inne, to z upływem czasu zmieniają się, po czym mogą wrócić do poprzedniego stanu. W książkach lub na seminariach można ogólnie omówić różne techniki i metody, ale nie indywidualne upodobania partnera czy partnerki.

Każda kobieta jest inna.
Aby mężczyzna zrozumiał potrzeby kobiety,
czasami wystarczy zwyczajna rozmowa.

Dla Sama dotykanie łechtaczki było czymś w stylu „chybił-trafił”. Kiedy jego partnerka się podniecała, wiedział, że coś robi dobrze, ale nie wiedział dokładnie co. Dla uzyskania większej pewności zasugerowałem mu zatem, by poprosił swą partnerkę, Ellen, aby poświęciła kilka minut na odkrycie przed nim tajemnic jej ciała. Zaleciłem, żeby rozmawiali o tym na luzie, nie próbując się przy tym podniecać.

W bardzo rzeczowej, ale nie erotycznej rozmowie Ellen wyjaśniła mu, co lubi najbardziej. Początkowo była trochę onieśmielona, ale Sam zapewnił ją, że to im pomoże. Po latach Sam nadal pamięta każde jej słowo.

Jeśli mężczyzna wie, co kobieta lubi najbardziej, może

się odprężyć. Nie jest skazany na mechaniczny seks i nie musi za każdym razem dokładnie stosować się do zaleceń partnerki, a świadomość jej upodobań daje mu pewność siebie, która za każdym razem stwarza nowe, zmysłowe przeżycia. Kiedy coś się nie sprawdza, mężczyzna wie, że może wrócić do tego, co partnerka lubi najbardziej. Tego rodzaju pewność siebie pomaga mężczyźnie się odprężyć i być w łóżku bardziej spontanicznym.

Mężczyzna czuje swobodę, kiedy wie,
że zawsze może wrócić do tego,
co wypróbowane i sprawdzone.

Księga miłości

W odpowiedzi na prośbę Sama Ellen powiedziała: „Chcesz mieć księgę pod tytułem: «Jak się ze mną kochać?»" Sam uśmiechnął się i przytaknął.

W zaciszu sypialni Ellen najpierw przez jakiś czas mówiła o tym, gdzie i jak lubi być dotykana. Sam później poprosił, by mu pokazała, jak lubi być dotykana między nogami. W taki nieco kliniczny sposób Ellen zaczęła mu wszystko pokazywać. Nie próbowała się pobudzić, a tylko pokazywała mu, co lubi.

Po dłuższej obserwacji Sam powtórzył jej ruchy po to, by je dobrze opanować. Starał się dokładnie zapamiętać wygląd sromu Ellen w tym czasie, żeby móc wykonać te same ruchy, z tą samą precyzją, bez patrzenia.

Przy tych ćwiczeniach korzystali z lustra. Sam położył się na wznak przy Ellen i dotykał jej sromu jedną ręką, w drugiej trzymając lustro, i jednocześnie obserwował swe ruchy. Później, kiedy odbywali stosunek, a Ellen jęczała z podniecenia, Sam wiedział, że daje jej rozkosz, bo umiał sobie wyobrazić, co robią jego ręce i gdzie dotykają.

Podczas tej rozmowy Sam dokładnie poznał okolicę narządów płciowych Ellen, szczególnie łechtaczkę. Ponieważ precyzyjnie umiał ją zlokalizować, Ellen zawsze miała zapewnioną stymulację, a co najważniejsze, Sam dokładnie wiedział, co robi między jej nogami.

Choć to radykalnie udoskonaliło ich współżycie seksualne, zaleciłem Samowi, by wtedy, gdy seks będzie wyjątkowo udany, ponownie spytał Ellen, co się jej najbardziej podobało. Tłumaczyłem Ellen, że powinna skoncentrować się tylko na tym, co jej się podobało, żeby w jej odpowiedzi nie brzmiała nuta krytyki.

Jeśli Sam spyta o coś, co jej się nie podobało, zamiast to roztrząsać, powinna zrobić wymowną pauzę, jakby chciała dać do zrozumienia, że myśli o uprzejmym sposobie powiedzenia, że akurat to jej się nie podobało. Taka rozwaga sprawia, że znacznie łatwiej przyjąć krytyczną uwagę.

Ellen może powiedzieć: „Było miło" albo „Było całkiem w porządku", ale bez większego entuzjazmu. Samowi dałoby to do myślenia, że coś nie jest dobre. Jeśli coś było dla niej nieprzyjemne, Ellen może powiedzieć: „Niespecjalnie mi to odpowiada". Dzięki takim uprzejmym, delikatnym odpowiedziom Samowi będzie łatwiej zadawać następne pytania.

Raz po raz pytając Ellen, co lubi, Sam pozwala jej podzielić się z nim nowymi odkryciami lub zmianami jej upodobań seksualnych. Sam również powinien zawsze dać jej poznać, że zrobiła coś, co jemu się spodobało.

Kiedy rozmawiać o seksie

Zupełnie nieromantyczne jest pytanie kobiety, czego pragnie, kiedy jesteście w łóżku. Najlepiej pytać ją o to albo po wszystkim, albo kiedy bezpośrednio nie zamierzacie odbyć stosunku. Podczas zbliżenia kobieta nie chce myśleć o swych potrzebach, ale raczej c z u ć i pozwolić, by wszystko stopniowo narastało.

Aby dowiedzieć się, co kobieta lubi w seksie, mężczyzna powinien uważnie wsłuchiwać się w jej reakcje podczas zbliżenia. Musi usłyszeć, jak kobieta wyraża swą rozkosz. W ten sposób mężczyzna zdobywa wiedzę potrzebną mu do tego, by móc ją skutecznie zaspokajać. Kobietę seks może cieszyć jeszcze bardziej, kiedy będzie werbalnie wyrażać swe uczucia.

Aby osiągnąć lepszy efekt, mężczyzna może zadawać pytania, lecz najlepiej niech pyta wtedy, kiedy wydaje mu się, że zbliżenie było udane. Inną dobrą okazję do pytań daje jakiś fragment czytanej przez was książki lub scena filmowa.

Tego typu rozmowa musi być nie obowiązująca i luźna. Na przykład, mężczyzna nie powinien notować, a potem mówić: „OK, najpierw chcesz tego, potem chcesz tego, a później powinienem zrobić to".

Takie podejście do seksu jest dla kobiety zbyt mechaniczne. Ona chce mieć poczucie, że kiedy mężczyzna kocha się z nią, okazuje jej uczucia, a nie że korzysta z ustalonych reguł gry.

„Ciepło-zimno" w seksie

Mężczyźni są szczególnie drażliwi na seksualne sprzężenie zwrotne. Mężczyzna, słuchając sugestii czy próśb kobiety, czasami ma przekonanie, że jest krytykowany, a wielu mężczyznom trudno to znieść.

Dawanie sygnałów typu „ciepło-zimno" może ogromnie pomóc partnerowi. Zapewne jako dzieci bawiliście się w poszukiwania czegoś, co schowano. Aby pomóc osobie szukającej, ale tylko pośrednio, mówimy: „ciepło" albo „zimno".

Kiedy szukający zbliża się, mówimy „cieplej", a kiedy oddala — „zimniej". W podobnym stylu kobieta może wydawać odgłosy podczas seksu, które informują partnera: „cieplej" lub „zimniej".

Takie reakcje są bardzo ważne. To tak, jakby mężczyzna miał opaskę na oczach i potrzebował reakcji kobiety po to, by znaleźć drogę. Przy każdym dotknięciu mężczyzna musi wiedzieć, czy jest ciepło, czy zimno. Sprzężenie zwrotne jest dla niego bardzo istotne, aby z czasem mógł nauczyć się ciała partnerki.

Niekiedy kobiecie odpowiada relaksująca faza seksu, i nie wydając żadnych odgłosów, niejako naturalnie wyraża swój wewnętrzny spokój i odprężenie. Kiedy indziej może to wprowadzać w błąd, bo brak odgłosów może oznaczać, że partner nie dość ją pobudza. Wtedy kobieta powinna mu wytłumaczyć, że przeżywa radość po cichu.

Może powiedzieć: „To jest takie miłe. Chcę przez chwilę tylko pieszczot" albo „To jest takie miłe, że chcę tylko zrelaksować się przez chwilę i nacieszyć twoimi pieszczotami". To nauczy mężczyznę cierpliwości i da mu wiedzę potrzebną na dalszym etapie.

Jak udzielać pozytywnych wskazówek

Kiedy mężczyzna robi coś nieprzyjemnego dla kobiety albo coś, czego ona nie chce, najlepiej skierować go tam, gdzie będzie przyjemniej. Podobnie jak w przypadku innych tajemnic sztuki miłosnej, lepiej pomóc mężczyźnie w osiągnięciu sukcesu niż koncentrować się na jego błędach.

Podczas zbliżenia kobieta może przesunąć rękę partnera tam, gdzie chce być dotykana, i okazać mu swe zadowolenie. On na pewno zorientuje się, w czym rzecz. Jeśli ona chce mu coś powiedzieć, lepiej niech powie: „To lubię", zamiast „Tego nie lubię".

Dziesięć seksualnych pretensji

Kobieta, która nie rozumie męskiej drażliwości w sferze seksu, będzie miała skłonność do mimowolnego zrażania partnera, zgłaszając takie pretensje:

1. Nie robisz tego dobrze.
2. Nie lubię tego.
3. Auu, to boli!
4. Nie dotykaj mnie w ten sposób.
5. Łaskoczesz mnie.
6. Nie tak.
7. Nie teraz.
8. Nie tam.
9. Nie jestem gotowa.
10. Co robisz?

Tego rodzaju reakcje mogą od razu odepchnąć mężczyznę. W jednej chwili jest pobudzony, a w drugiej już nie.

Dlaczego mężczyzna „się zamyka"

Zdarza się, że podczas zbliżenia seksualnego jedynym celem mężczyzny jest zadowolenie partnerki. Wtedy jest on wrażliwszy na jej negatywne reakcje. Jeśli zrobi błąd i zostanie skrytykowany, kobiecie nie pozostanie nic innego, jak tylko pogodzić się z faktem, że jego uczucia zostały zranione i potrzeba mu trochę czasu, zanim znowu będzie mógł się podniecić.

> Kiedy celem mężczyzny jest zadowolenie partnerki, jest najbardziej wrażliwy na jej negatywne reakcje.

Oto w jaki sposób kobieta mimowolnie może spowodować, że mężczyzna „się zamknie". Podczas stosunku z Jake'em, Annie wciąż powtarzała: „Nie tak", „To mi się nie podoba", „Łaskoczesz mnie". Nagle Jake przerwał. W mgnieniu oka wszystkie jego uczucia zamarły. Stracił ochotę na seks i był urażony. „O co chodzi" — spytała Annie. Nie odpowiedział.

Po chwili Annie spytała: „Czy właśnie nie uprawialiśmy seksu?” „Tak” — odparł Jake. „No, to co będzie dalej?” — spytała Annie „Nic” — odparł Jake, a potem odwrócił się na bok i zasnął.

W poradni doradziłem Jake’owi, żeby porozmawiał z Annie o tym, co się stało. Powiedział jej: „W łóżku jestem bardzo czuły na pewne komentarze. Wolę, żebyś przesunęła moją rękę tam, gdzie chcesz, bym cię dotykał, a nie mówiła mi, że coś ci się nie podoba. Jeśli cię łaskoczę, odsuń moją rękę na bok i nie śmiej się. Możesz też przytrzymać moje palce i dać mi znać, żebym przestał cię łaskotać”.

Ku zdumieniu Jake’a, Annie przyjęła jego uwagi ze zrozumieniem. Później, kiedy Annie czasami mówiła coś, co go zrażało, Jake starał się nie przywiązywać do tego wagi.

Nawet jeśli mężczyzna na jakiś czas straci ochotę na seks, wystarczy, że będzie udawał, iż wszystko jest w porządku, a wkrótce podniecenie powróci. Przerwa na dyskusję o tym, dlaczego „się zamknął”, zwykle nie przynosi efektu w postaci powrotu podniecenia.

Nawet jeśli mężczyzna na jakiś czas straci ochotę na seks, wystarczy, że będzie udawał, iż wszystko jest w porządku, a wkrótce podniecenie powróci.

Westchnienia a długie zdania

Aby seks był udany dla obojga, najlepiej jeśli kobieta wydaje ciche odgłosy, a nie posługuje się długimi zdaniami. Jeśli będzie wypowiadała całe zdania, może zrazić partnera. Dla mężczyzny jest to sygnał, że partnerka wciąż „pracuje” głową, a nie ciałem.

Czasami kobieta mówi coś, co wyczytała w romansach, np.: „Twój dotyk sprawia, że pragnę, byś wszedł w me ciało”. Dla mężczyzny może to brzmieć równie pompatycznie, jak np.: „Och, jaki wielki jest twój twardy członek”. To nie oddaje jej własnych uczuć. Aby przekazać partnerowi to samo, może ona głęboko westchnąć albo jęknąć z rozkoszy. Czułe reakcje kobiety na dotyk mężczyzny upewniają go o właściwej drodze.

Czułe reakcje kobiety na dotyk mężczyzny upewniają go o właściwej drodze.

Jeśli kobieta posługuje się podczas uprawiania seksu pełnymi zdaniami, może tak być dlatego, że sama się podnieca, kiedy słyszy je od mężczyzny. Na kobiecie robi wielkie wrażenie to, że mężczyzna może być podniecony i mieć erekcję, a mimo to normalnie z nią rozmawiać.

Mężczyzna raczej milczy w trakcie narastania podniecenia. Nie podoba mu się, gdy partnerka mówi pełnymi zdaniami, więc nie uświadamia sobie, że ona by to uwielbiała. Przemawianie do partnerki całymi zdaniami nie tylko ją podnieca, ale może zwiększyć jej poczucie własnej wartości i pomóc pokochać własne ciało.

Dwadzieścia podniecających zwrotów

Oto dwadzieścia zwrotów, których mężczyzna może użyć dla zwiększenia podniecenia kobiety, jeśli rzeczywiście wyrażają one jego uczucia. Nie powinien ich używać tylko po to, by ją podniecić. Ważne jest to, by były one szczerym wyrazem tego, co czuje.

1. Jesteś taka piękna.
2. Jesteś spełnieniem moich marzeń.
3. Tak bardzo cię kocham.
4. Jak to dobrze, że razem idziemy przez życie.
5. Tak bardzo mnie podniecasz.
6. Twoje piersi mnie podniecają.
7. Uwielbiam dotykać twojej miękkiej skóry.

8. Uwielbiam trzymać cię w objęciach.
9. Uwielbiam twoje piersi.
10. Uwielbiam twoje nogi.
11. Masz doskonałe piersi.
12. Masz doskonałe usta.
13. Tak miło cię dotykać.
14. Taka jesteś cieplutka.
15. Jesteś wyborna.
16. Jesteś taka wilgotna.
17. Jestem cały twój.
18. Kocham cię bezgranicznie.
19. Uwielbiam seks z tobą.
20. Tęsknię do ciebie.

Takie słowa, głośno wypowiedziane lub wyszeptane do ucha kobiety, sprawią, że poczuje się kochana, a to z kolei otworzy ją na bardziej intensywne pożądanie seksualne. Wobec tego, że wszystkie środki masowego przekazu i czasopisma koncentrują uwagę na perfekcyjnym ciele, kobiecie trudno uwierzyć w to, że partner szczerze zachwyca się jej ciałem.

Kobiety zawsze mnie oklaskują, kiedy podaję tę listę zwrotów. Szczególny poklask uzyskują uwagi o biuście. Mężczyźni nie uświadamiają sobie, że kobiety uwielbiają takie słowa i chcą je wciąż słyszeć. Podczas zbliżenia seksualnego mężczyzna jest przeświadczony, że piersi jego partnerki są doskonałe, ale nie uświadamia sobie tego, że ona chce to od niego usłyszeć. Jest w błędzie, gdy myśli, że skoro ich dotyka, to mówi samo za siebie.

Kierowniczka sklepu z damską bielizną opowiedziała mi taką historię. Kilka kobiet po sześćdziesiątce przyszło na zakupy. Kiedy jedna z nich przymierzała bardzo seksowny strój, pozostałe kręciły głowami i mówiły jej, że nie może tego nosić. Ona zaś, zdecydowanie pewna siebie, odparła: „Kiedy jesteś jedyną nagą kobietą w pokoju, dla mężczyzny jesteś warta milion dolarów". Ta uwaga objawiła coś, czego większość kobiet nie wie. Im bardziej mężczyzna się podnieca, kiedy cię kocha, tym bardziej doskonałe staje się dla niego twoje ciało. Ostatnią rzeczą, jaka przyjdzie mu wtedy na myśl, jest to, że masz grube uda.

Kiedy jesteś jedyną nagą kobietą w pokoju, dla mężczyzny jesteś warta milion dolarów.

Gdy mężczyźni patrzą na inne kobiety

Kiedy wszyscy mężczyźni odwracają głowę, gdy obok przechodzi kobieta o idealnej figurze, pozostałym kobietom przypomina to, że one takiej figury nie mają. Dla samooceny kobiety może to być trudny problem. Wyrażanie miłości całymi zdaniami, kiedy kobieta jest „otwarta" i naga w ramionach mężczyzny, nie tylko ją rozbudza, ale także umacnia jej wiarę w siebie i wdzięczność, że ma przy sobie kochającego mężczyznę.

Kiedy wszyscy mężczyźni odwracają głowę, gdy obok przechodzi kobieta o idealnej figurze, pozostałym kobietom przypomina to, że one takiej figury nie mają. Dla samooceny kobiety może to być trudny problem.

Kobieta nie rozumie, że ten sam mężczyzna, który gapi się na idealne ciało, jeśli jest zakochany w niej i jeśli ona go podnieca, jest także całkowicie zauroczony pięknem jej ciała, niezależnie od tego, jak jej figurę zaklasyfikowałyby mass media.

Kiedy mężczyzna kocha kobietę, pociąga go jej kobiecość, a nie tylko ciało. Im bardziej partnerka go pociąga, tym piękniejsze staje się dla niego jej ciało. Powierzchowny pociąg nie może trwać długo. Pociąg wyłącznie fizyczny zazwyczaj wypala się szybko jak zapałka.

Mężczyzn pociąga wizualność

Ważne jest to, by kobiety zrozumiały, że pociągają mężczyzn przede wszystkim wizualnie. Mężczyzna widzi piekną kobietę i instynktownie chce patrzeć na jej ciało. Kobieta widząc przystojnego mężczyznę, chce go poznać nie tylko ze względu na jego wygląd. Nie jest zainteresowana wyłącznie jego ciałem.

Kobieta przeważnie myli się, zakładając, że mężczyzna jest powierzchowny, skoro przede wszystkim pociąga go aspekt fizyczny. Nie uświadamia sobie, że on też chce ją poznać, tyle że zaczyna od jej ciała.

Mężczyzna najbardziej pobudza się wizualnie, podczas gdy kobietę przede wszystkim interesuje poznanie osobowości. Stopniowo, kiedy znajomość się pogłębia, mężczyznę coraz bardziej pobudza psychika kobiety, a kobietę coraz bardziej pociąga i podnieca jego ciało.

Nawet wtedy gdy na początku znajomości mężczyzna nie jest pewny, czy odpowiada mu ciało partnerki, kiedy ją lepiej pozna i pokocha, zacznie doświadczać subiektywnej doskonałości jej ciała. Mężczyzna może bardzo łatwo dać się przekonać mass mediom co do kryteriów kobiecej urody. Porównuje partnerkę do tego, co widzi w telewizji i w czasopismach. Na szczęście, kiedy jest pobudzony i zakochany, czar mediów pryska, a on może w pełni podziwiać urodę partnerki.

Podczas zbliżenia seksualnego powinien ją czule afirmować, mówiąc, jak bardzo podoba mu się jej piękne ciało. To uwolni jego i ją od wpływu mediów.

Proste rozwiązanie

Nie zdając sobie sprawy z tego, że mężczyźni pobudzają się wzrokowo, kobieta czuje się nieatrakcyjna, kiedy jej partner patrzy na inną, i ma do niego o to pretensje. Ten problem można bardzo prosto rozwiązać.

Partnerka powinna zaakceptować naturalną u mężczyzn skłonność do oglądania się za innymi kobietami, a mężczyzna, kiedy na nie patrzy, powinien to robić z umiarem. Kiedyś jechałem windą razem z Bonnie, ze starszym małżeństwem i dziewiętnastoletnią modelką w minibikini. W tym przypadku nawet kobietom trudno było nie patrzeć. Kiedy wysiedliśmy z windy, tamta starsza kobieta powiedziała do swego męża: „George, patrzeć możesz, ale się nie śliń!"

Kobieta powinna zaakceptować naturalną u mężczyzn skłonność do oglądania się za innymi kobietami, a mężczyzna, kiedy na nie patrzy, powinien robić to z umiarem.

Stosowne zachowanie i wrażliwość na uczucia partnerki to dobra odpowiedź. Kiedy zdarza mi się zwrócić uwagę na jakąś kobietę, ze względu na moją żonę odwracam się i okazuję żonie szczególną czułość. Tym samym mówię jej: „Tak, to była piękna kobieta, a ja lubię piękne kobiety. Mam szczęście, że poślubiłem ciebie, jedną z nich. Chcę być z tobą".

Zwracając się do żony i okazując jej specjalne względy, upewniam ją, że jest jedyną osobą, z którą chcę być. Zamiast czuć do mnie urazę, może wtedy jeszcze bardziej się do mnie zbliżyć.

Czas, czas i jeszcze raz czas

Jeśli pragniemy, by nasza wiara w siebie rosła, a namiętność trwała, na seks musimy przeznaczać więcej czasu. Mężczyźnie do uzyskania orgazmu może wystarczyć tylko kilka minut stymulacji, kobieta natomiast z reguły potrzebuje więcej czasu. Mężczyzna powinien mieć pewność, że robi to, co trzeba, nawet jeśli jego partnerka znacznie dłużej się rozbudza do orgazmu.

Kwestia czasu stanowi jedną z największych różnic seksualnych między mężczyznami a kobietami. Mężczyzna jest biologicznie nastawiony na bardzo szybkie uzyskanie pełnego pobudzenia, podczas gdy kobieta wymaga powolnego i stopniowego rozbudzania.

Jak długo?

Zasadniczo dla uzyskania orgazmu mężczyźnie wystarczają dwie do trzech minut stymulacji. Na ogół jest to bardzo proste, równie łatwe jak potrząśnięcie puszką z piwem.

Jeśli kobieta ma osiągnąć orgazm, na ogół potrzebuje dziesięć razy więcej czasu. Potrzebuje dwudziestu do trzydziestu minut gry wstępnej i stymulacji narządów płciowych.

Jeśli mężczyzna chce wywołać u kobiety orgazm, powinien zapamiętać, że aby ona mogła przeżyć wielki „O", on musi przeznaczyć na to nie dwie, trzy minuty, ale od dwudziestu do trzydziestu minut.

> Aby kobieta mogła przeżyć wielki „O", mężczyzna musi przeznaczyć na to nie dwie, trzy minuty, ale od dwudziestu do trzydziestu minut.

Niejednokrotnie mężczyzna już po kilku minutach jest po orgazmie i z przekonaniem zakłada, że partnerka jest równie szczęśliwa i zaspokojona jak on. „Szczytowałaś?" — pyta. A ona ma ochotę powiedzieć: „Nawet nie zaczęłam".

Zaspokojenie seksualne a emocjonalne

Dla niego stosunek jest tak wspaniały, że nie potrafi sobie wyobrazić, iż dla niej nie był równie cudowny. Kiedy ona mówi, że nie szczytowała, on łatwo się frustruje. Nie rozumiejąc, że kobieta potrzebuje dziesięć razy więcej czasu niż on, mężczyzna może łatwo nabrać przekonania, że nie jest w stanie rozbudzić partnerki.

Podczas stosunku ona może wydawać odgłosy rozkoszy i zadowolenia. Nie zawsze znaczy to, że otrzymuje tę stymulację, jakiej jej potrzeba. Niejednokrotnie odczuwana przez nią rozkosz jest przejawem jej emocjonalnej reakcji na rozkosz partnera. Ona pragnie zespolić się z nim emocjonalnie i dostarczać mu tej rozkoszy. To powiększa jej pożądanie, ale zaspokojenie emocjonalne nie stymuluje jej seksualnie. Potrzebuje pieszczot i więcej czasu, jeśli ma mieć orgazm.

Zaspokojenie emocjonalne nie wystarczy. Kobieta potrzebuje pieszczot i więcej czasu, jeśli ma mieć orgazm.

W handlu nieruchomościami funkcjonuje powiedzenie, które ułatwia zrozumienie wartości obiektu: „Lokalizacja, lokalizacja i jeszcze raz lokalizacja". W seksie to brzmi tak: „Czas, czas i jeszcze raz czas".

Kiedy kobieta dysponuje potrzebnym jej czasem, może być pewna, że osiągnie spełnienie, do jakiego dąży. Kiedy mężczyzna zrozumie, że nie chodzi o to, co robi, ale jak długo to robi, jego pewność siebie także wzrośnie.

Mężczyzna instynktownie wierzy w siebie, kiedy jego partnerka ma regularne orgazmy. Jeśli ona nie ma orgazmu za każdym razem, on zaczyna się martwić. W następnym rozdziale dowiemy się, że czasami kobieta może być seksualnie zaspokojona, nie mając orgazmu.

ROZDZIAŁ PIĄTY

KOBIETY SĄ JAK KSIĘŻYC, MĘŻCZYŹNI SĄ JAK SŁOŃCE

Kobiety są jak Księżyc pod tym względem, że ich przeżyć seksualnych zawsze, jak Księżyca, przybywa albo ubywa. Czasami, choćby partner był najlepszym kochankiem, ona nie będzie miała orgazmu. Nie tylko nie jest w stanie go mieć, ale być może wcale go nie chce. Bardzo ważne jest, by mężczyźni to rozumieli.

W cyklu miesięcznym, który zwykle trwa około 28 dni, czasem kobieta naprawdę pragnie orgazmu, a jej ciało jest dojrzałe i gotowe, podczas gdy innym razem woli się przytulić i być blisko. Mogłaby wtedy współżyć seksualnie, a nawet się pobudzić, ale jej ciało nie potrzebuje orgazmu.

Czasem kobieta naprawdę pragnie orgazmu, a jej ciało jest dojrzałe i gotowe, podczas gdy innym razem woli się przytulić i być blisko.

Czasami kobieta jest w fazie pełni Księżyca, czasami w fazach półksiężyca, a czasami w fazie nowiu. W każdej z tych faz i w wielu fazach pośrednich jej tęsknoty seksualne są zróżnicowane. Nie ma możliwości przewidzenia, w jakiej fazie jest kobieta. Długość jej cyklu jest różna.

Mężczyźni nie rozumieją tego, ponieważ pod tym względem nie są jak Księżyc. Mężczyźni są jak Słońce. Co dzień rano wstaje ono z wielkim uśmiechem!

Kiedy mężczyzna robi się podniecony, jego ciało z reguły pragnie rozładowania. Mężczyzna pragnie orgazmu i na ogół jest w stanie go przeżyć. Jeśli się podnieci i roznamiętni, a rozładowanie nie nastąpi, mężczyzna nie tylko poczuje się emocjonalnie niezaspokojny, ale może także odczuwać fizyczne dolegliwości „bólu jąder". Stąd też trudno mu sobie wyobrazić, że jego partnerka nie musi zawsze chcieć czy potrzebować rozładowania seksualnego w orgazmie. Ją może cieszyć intymność seksu i wcale nie musi pragnąć orgazmu. Kiedy kobietę nie interesuje orgazm albo kiedy go nie ma, mężczyzna błędnie zakłada, że coś jest nie w porządku.

Co jest dla mężczyzny miarą sukcesu seksualnego

Mężczyźni mają skłonność do mierzenia własnego powodzenia seksualnego miarą orgazmu u partnerki. Jeśli ona nie szczytuje, on może dąsać się godzinami. Właśnie dlatego kobieta czuje presję „grania" w łóżku, nawet jeśli tego nie chce. Może udawać rozkosz seksualną i orgazm tylko po to, by usatysfakcjonować partnera.

Taka presja nie pozwala kobiecie uzyskać spełnienia seksualnego. Ponadto nie pozwala jej przeżywać naturalnego przypływu i odpływu przeżyć seksualnych. Jeśli za każdym razem kobieta ma być dla partnera tak samo aktywna i zaspokojona, nie może się odprężyć i odkrywać, dokąd zaprowadzi ją seks naturalną drogą.

Presja na to, by miała orgazm, nie pozwala kobiecie uzyskać spełnienia seksualnego.

Kiedy kobieta czuje, że musi udawać orgazm lub „grać", może to przeszkadzać jej w osiągnięciu prawdziwego orgazmu. Prostytutki na ogół udają ogromną satysfakcję z seksu i orgazm, ale niejednokrotnie nie są w stanie mieć prawdziwego orgazmu.

Presja na to, by za każdym razem miała orgazm, może kobiecie nie pozwolić na doznawanie go w tych sytuacjach, kiedy jej ciało rzeczywiście może przeżyć kulminację. Jeden z wymogów udanego seksu polega na tym, że kobieta nie czuje presji „grania" w jakikolwiek sposób. Można to łatwo osiągnąć dzięki zrozumieniu tego, co różni mężczyzn i kobiety.

Udane życie seksualne oznacza, że czasami seks będzie fantastycznym, niezapomnianym wspomnieniem, kiedy indziej zaś może nie być aż tak intensywny, choć czuły i dający obojgu partnerom to, czego pragną: mężczyźnie — orgazm, a kobiecie — niezależnie od tego, czy ma nastrój do orgazmu, czy nie — intymność fizyczną, jakiej pragnie.

Niezapomniany seks

Któregoś dnia, rozbierając się przed spaniem, spojrzałem na moją żonę, która też się rozbierała. Nagle przyszło mi do głowy, że moglibyśmy się kochać. „Czy rano był seks?" — spytałem.

Ona się uśmiechnęła i powiedziała: „Taak, i to niezapomniany, prawda?" Roześmiałem się.

Ta wymiana zdań w moim przekonaniu najlepiej oddaje różnicę między seksem zwyczajnym a seksem niezapomnianym. Udane życie seksualne obejmuje zarówno seks zwyczajny, jak i seks niezapomniany.

Nawet ten, kto zna technikę udanego seksu, łatwo może zapomnieć o jej stosowaniu i zadowolić się rutyną. Szczególnie mężczyźni mają skłonność do zapominania, co stwarza niezapomniany seks. Rzecz nie w tym, że mężczyźni nie przywiązują do tego wagi — oni po prostu zapominają, co dla kobiety jest ważne.

Mężczyźni są nastawieni na skuteczność. Skoro dwadzieścia minut gry wstępnej przynosi efekty, podświadomy impuls podpowiada im: „Zobaczmy, czy dziesięć minut nie da tego samego efektu". Automatycznie mężczyzna zapomina, że partnerka potrzebuje w i ę c e j czasu.

Dlaczego mężczyźni zapominają

Udane życie seksualne wcale nie oznacza, że za każdym razem przeżywamy feerię fajerwerków. Niezbędna jest nieustanna pamięć o odmiennych potrzebach partnerów. Idealna sytuacja to taka, w której zarówno mężczyzna, jak i kobieta dostają to, czego potrzebują.

Mężczyźni mają skłonność do zapominania, czego potrzeba kobiecie, by seks dał jej satysfakcję. Na początku współżycia mężczyzna może utrzymywać bardzo wolne tempo, bo nie jest pewny, co partnerka lubi i na co się godzi. Kiedy prowadzą już regularne współżycie seksualne, mężczyzna nie uświadamia sobie, że partnerka podnieciła się dzięki jego powolnym i nieśmiałym ruchom. Nawet jeśli mężczyzna czytał o tym, może łatwo zapomnieć w gorączce namiętności.

Kiedy prowadzą już regularne współżycie seksualne, mężczyzna nie uświadamia sobie, że partnerka podnieciła się dzięki jego powolnym i nieśmiałym ruchom.

Kobieta przeważnie odczuwa to tak, jakby jemu na niej nie zależało. Mężczyzna zaś, nawet jeśli ogromnie mu zależy, może zapomnieć, nie zdając sobie z tego sprawy. Pamiętam zdumiewające przeżycie w pierwszym roku naszego małżeństwa. Wieczorem, po wygłoszeniu wykładu o tematyce seksuologicznej, w samochodzie, w drodze do domu spytałem Bonnie, czy moja prelekcja się jej podobała. „Uwielbiam słuchać, kiedy mówisz o seksie — oznajmiła. — Dlatego zawsze przychodzę na twoje wykłady. Tak precyzyjnie to wszystko omawiasz". „Kiedy omawiam udany seks, czy właśnie to robię?" — spytałem, oczekując, że ona powie: „O, tak". Ale Bonnie odparła z wahaniem: „No... dawniej robiłeś tego więcej". „Chcesz przez to powiedzieć, że nie robię tego wszystkiego?" — spytałem. „No cóż, ostatnio jakbyś się trochę spieszył" — odpowiedziała. „No to dziś wieczorem będziemy mieli mnóstwo czasu" — powiedziałem. A Bonnie na to: „Hmmm, to brzmi zachęcająco".

Brak nuty krytyki w jej głosie pomógł mi, nie musiałem przyjmować postawy obronnej. Tamtego wieczoru rzeczywiście było fantastycznie. Dzielę się tym epizodem, żeby pokazać, iż mimo prowadzenia regularnych wykładów na temat udanego seksu, sam zapomniałem o najbardziej podstawowej sprawie: żeby przeznaczać więcej czasu dla żony.

Kiedy mężczyzna nie poświęca kobiecie tyle czasu, ile ona potrzebuje, trzeba go umiejętnie powstrzymać, wypowiadając krótką uwagę, taką jak te:

- Ach, to jest takie miłe. Nie spieszmy się.
- Powiedz, że mamy mnóstwo czasu.
- Chcę, żeby dziś to trwało długo.

Co czyni seks niezapomnianym

Przysłuchując się relacjom mężczyzn i kobiet, dzielących się podczas moich pierwszych seminariów wrażeniami z udanego seksu, zacząłem dostrzegać wspólny temat. Mężczyźni zwykli opowiadać o tym, jakie wywołali reakcje u kobiety. Mężczyzna szczyci się tym, że doprowadził partnerkę do szaleństwa albo do najwyższej ekstazy w łóżku.

Kobiety z kolei szerzej opisywały to, co czuły, i to, co on z nią robił. Dla kobiet ważniejszy od efektu końcowego jest proces narastania. Kobiety zwykły z dumą opowiadać o tym, co mężczyzna zrobił, by ją zaspokoić. Ta odmienność tematów jest nader wymowna.

Tym, co sprawia, że seks daje mężczyźnie zaspokojenie i jest dla niego niezapomniany, jest zaspokojenie kobiety. Kiedy mężczyzna umie ją zaspokoić, sam czuje się zaspokojony.

Tym, co sprawia, że seks daje mężczyźnie zaspokojenie i jest dla niego niezapomniany, jest zaspokojenie kobiety.

Tym, co sprawia, że seks daje kobiecie zaspokojenie i jest dla niej udany, jest to samo — jej zaspokojenie. Oczywiście kobieta chce, by partner był zaspokojony, lecz jego zaspokojenie nie jest najważniejszą przyczyną jej rozkoszy. Ono nie daje kobiecie tej fizycznej stymulacji, jakiej potrzebuje do orgazmu. Kobiety raczej nie mówią takich rzeczy, jak: „Seks był naprawdę udany, bo on miał wspaniały orgazm". Kiedy mężczyzna umie ją zaspokoić, wtedy dla niej seks jest udany.

Aby seks był niezapomniany zarówno z perspektywy męskiej, jak i kobiecej, kobieta musi zostać zaspokojona. Nigdy nie słyszałem, by mężczyzna tak się żalił: „Jej było wspaniale, ale mnie nie. Ona troszczyła się tylko o siebie i o własną przyjemność. Zrobiła ze mną, co chciała, i poszła sobie".

Kiedy jej przyjemność staje się jego przyjemnością

Im bardziej uczuciowo mężczyzna jest związany z kobietą, tym bardziej jej przyjemność staje się jego przyjemnością. Wykonując fizyczne ruchy wewnątrz ciała kobiety, mężczyzna także emocjonalnie „porusza się" w niej i może w istocie przeżywać jej zaspokojenie jako własne.

Jeśli kobiecie jest dobrze, mężczyzna skłonny jest przypisać zasługę sobie, a to jeszcze bardziej go podnieca. Zaspokojenie i przyjemność zapewnia mu zaspokojenie partnerki. Jak już mówiliśmy, miarą zaspokojenia seksualnego mężczyzny jest zaspokojenie kobiety. Jeśli ona nie ma orgazmu, on myśli, że nie została zaspokojona. Mężczyzna powinien zrozumieć, że kobieta jest zaspokojona, nawet nie mając orgazmu.

Czasami kobieta jest zaspokojona,
nawet nie mając orgazmu.

Oboje partnerzy doznają wielkiej ulgi, kiedy mężczyzna zrozumie, że czasami kobieta może być zaspokojona bez orgazmu. On może wtedy przestać oceniać seks według tego, czy ona miała orgazm, a ona może uwolnić się od presji orgazmu. Zamiast tego mężczyzna może za miarę sukcesu uznać jej zaspokojenie, a ona może się odprężyć i cieszyć seksem. Mężczyźni powinni pamiętać, że kobiety są jak Księżyc i czasami mogą być w pełni nawet bez orgazmu.

Kobiety, którym doradzałem w poradni, wyrażały tę prawdę na różne sposoby:

„Nie czuję potrzeby orgazmu za każdym razem. Jeśli nie mam orgazmu, to wcale nie znaczy, że coś jest nie w porządku".

„Czasami chcę tylko być w jego objęciach. Jestem szczęśliwa i zaspokojona, jeśli on ma wytrysk i orgazm, nawet jeśli ja nie potrzebuję orgazmu. Po prostu nie i już. Kiedy indziej bardzo go pragnę".

„Czasami chcę mieć orgazm, ale kiedy indziej najbardziej lubię dotykanie i przytulanie".

„Czasami za dużo mówi się o orgazmie. Tak się staram o niego, że cała radość seksu przepada. Chcę, by dla partnera wszystko było OK, jeśli nie mam orgazmu. Dla mnie to jest OK".

Kiedy mężczyzna nie rozumie, że kobiety są jak Księżyc, jest to dla niego bardzo frustrujące, a poza tym wywiera na kobietę presję, by „grała".

Dlaczego kobiety są zaskoczone

Kiedy prowadzę dyskusje, z których wynika, jak bardzo mężczyznom zależy na tym, by kobieta została zaspokojona, większość kobiet jest najwyraźniej zaskoczona. One czują tak: „Jeśli jemu tak bardzo zależy na moim zaspokojeniu, to dlaczego tak się spieszy z zaspokojeniem własnych namiętności?" Rozumiejąc, co nas różni, łatwo jest udzielić odpowiedzi na to pytanie.

Mężczyzna chce kobietę zaspokoić, lecz błędnie zakłada, że to, co jego uszczęśliwia, jej także daje szczęście. Podniecony i zaspokojony dzięki jej rozkoszy, mężczyzna zakłada, że partnerkę w równym stopniu uszczęśliwia jego rozkosz. Nie wie, że jej potrzeba więcej czasu, ani nie uświadamia sobie innych wymogów udanego seksu.

Wciąż powtarzam, że spełnienie seksualne kobiety jest kwestią znacznie bardziej złożoną niż w przypadku mężczyzny. Kobieta potrzebuje mężczyzny umiejącego jej dotykać, poświęcającego jej mnóstwo czasu i czułego. Podniecony mężczyzna w zasadzie jest pewien, że będzie miał orgazm.

Problem mężczyzny polega na tym, że może mieć orgazm za wcześnie. Z perspektywy mężczyzny, u kobiety to trwa za długo, z jej zaś perspektywy, u mężczyzny — za krótko. Ten problem łatwo rozwiązać, kiedy mężczyzna zacznie rozumieć, jak przedłużyć przeżycie seksualne tak, by zaspokoić potrzeby kobiety. Kiedy ona jest zaspokojona, będzie skłonna go wspierać.

Mężczyźni i kobiety są w istocie bardzo kompatybilni. Wtedy gdy kobieta jest jak w Księżyc w pełni i potrzebuje orgazmu, mężczyzna może z radością zaprowadzić ją na wyższe poziomy rozkoszy i spełnienia. Wtedy gdy kobieta jest jak Księżyc w kwadrze, jej potrzeba pieszczot może zostać zaspokojona, kiedy partner jest swobodny i nie musi się powstrzymywać. On może mieć wtedy orgazm po kilku minutach.

Czasami mogą się oboje zdecydować na „długi wariant", tak by partnerka osiągnęła orgazm, ale kiedy ona nie pragnie orgazmu, partner może skorzystać ze swobody i zmierzać ku własnemu orgazmowi. Jest wtedy jak sprinter biegnący do mety. Innym razem — jak długodystansowiec, który tak musi dobrać tempo, aby wytrzymać do końca.

Gdy kobieta nie pragnie orgazmu

Czasami bywa tak, że kobieta przed zbliżeniem seksualnym nie wie, czy jej ciało pragnie orgazmu, czy nie. Nie wie, czy jest w fazie pełni Księżyca, czy w kwadrze. Dzięki zabiegom partnera roznamiętnia się i pragnie seksu, jednak w trakcie zbliżenia może się przekonać, że jej ciało nie potrzebuje orgazmu.

Kiedy partner poświęca sporo czasu, starając się doprowadzić ją do orgazmu, a ona próbuje go osiągnąć, lecz jej ciało nie reaguje, to może być dla obojga frustrujące. Mężczyzna nabiera przekonania, że coś jest nie w porządku, i wini za to albo partnerkę, albo siebie. Kobieta z kolei, nie rozumiejąc faz swego cyklu, może pomyśleć, że to z nią jest coś nie tak. Wbrew sobie będzie udawała i „grała". W rezultacie seksualna pewność siebie obojga partnerów osiągnie minimum, a niepokojące wspomnienie osłabi ich pragnienie, by podjąć współżycie.

Kiedy oboje partnerzy zrozumieją miesięczny cykl kobiety, dawne frustracje zanikną. Kiedy mają większą wiarę w siebie, są gotowi do współżycia. Wielokrotnie słyszałem od kobiet, że jak tylko dowiedziały się, iż są jak Księżyc, poczuły się swobodnie. Kobieta, która napotyka trudności, by się „otworzyć" na seks, otwiera się wtedy, gdy nie czuje presji na uzyskanie orgazmu. Nie usiłując przeżyć orgazmu jednego dnia, zyskuje swobodę jego uzyskania kiedy indziej.

Kobieta, która napotyka trudności, by się „otworzyć" na seks, otwiera się wtedy, gdy nie czuje presji na uzyskanie orgazmu.

Jeśli podczas zbliżenia seksualnego kobieta zaczyna sobie uświadamiać, że nie będzie miała orgazmu, może powiedzieć: „Zróbmy to szybko". To krótkie hasło może stanowić silny impuls. Mężczyzna „przestawi się" i zamiast dążyć do wywołania orgazmu partnerki, będzie zmierzał prosto ku własnemu orgazmowi.

To, że ona nie ma orgazmu, stanowi problem wtedy, kiedy oboje partnerzy nie rozumieją, iż on jej nie zawiódł. Kiedy ona mówi: „Zróbmy to szybko", cząstka mężczyzny czuje się zwolniona. Nie ma wtedy mowy ani o jego winie, ani o jej winie. Po prostu to nie jest jej pora na orgazm. Partner może ją z powodzeniem zaspokoić, jeśli będzie czuły i sam będzie dążył ku kulminacji.

Tak jak mężczyzna powinien przeznaczać wiele czasu na to, aby kobieta została seksualnie zaspokojona, tak ona niekiedy n i e powinna przeznaczać dla niego zbyt wiele czasu. W następnym rozdziale będziemy zgłębiać radość „szybkiego seksu" dla mężczyzn, przy czym kobiety mogą mieć pewność, że także dostaną to, czego potrzebują.

ROZDZIAŁ SZÓSTY

RADOŚĆ SZYBKIEGO SEKSU

Podczas gdy w wielu książkach mówi się o mnóstwie czasu potrzebnego do tego, by kobieta miała przyjemne przeżycia, żadna nie mówi o potrzebie mężczyzny do nieprzeznaczania dłuższego czasu na seks.

Choć większość mężczyzn ochoczo zadowala swą partnerkę, czasami mężczyzna chce pominąć grę wstępną i, wbrew piosence, po prostu „być szybkim Billem". Coś w nim chce się uwolnić i iść na całego, bez jakiegokolwiek ograniczania się albo martwienia o to, by wytrwać dłużej, bez względu na to, co powinien zrobić dla szczęścia partnerki. I wcale nie chodzi o to, że on nie chce jej zadowolić — chodzi o to, że on dłużej nie chce się powstrzymywać.

Aby regularnie przeznaczać tyle czasu na współżycie, ile kobieta potrzebuje, mężczyzna musi mieć raz po raz okazję do „szybkiego" seksu. Kiedy co jakiś czas może iść za swym instynktem, bez gry wstępnej, łatwiej jest mu przy innych okazjach poświęcić więcej czasu kobiecie. Tak jak samochód raz po raz powinien na szosie rozwinąć większą prędkość, żeby „przedmuchać" gaźnik, tak samo jakaś cząstka mężczyzny potrzebuje szybkiego osiągnięcia ekspresji seksualnej.

Aby regularnie przeznaczać tyle czasu na współżycie, ile kobieta potrzebuje, mężczyzna musi mieć od czasu do czasu okazję do „szybkiego" seksu.

Odczuwanie wewnętrznej potrzeby, a zgodne z nią działanie — to dwie różne rzeczy. Na przykład, kiedy James i Lucy uprawiali szybki seks, James zawsze czuł się trochę winny, bo Lucy nie dostawała tego, co potrzebowała.

James był przeświadczony, że seks bez gry wstępnej z jej punktu widzenia jest egoistyczny, a on nie jest dobrym kochankiem. Usiłując rozwiązać ten problem, zwlekał tak długo, że groziło mu spóźnienie do pracy, i dopiero wtedy proponował zbliżenie.

Mówił: „No cóż, mam tylko kilka minut, bo zaraz muszę iść do pracy. Pospieszmy się". Lucy była nastawiona pozytywnie, więc James mógł przeżywać radość szybkiego seksu bez poczucia winy.

Po jakimś czasie uznał, że to nie jest w porządku. Nie chciał się spóźniać po to, by raz po raz cieszyć się szybkim seksem. Zaproponowałem Jamesowi i Lucy przedyskutowanie problemu.

Szybki seks w zamian za przytulanie

James powiedział do Lucy: „Czasem chciałbym sam seks, bez całej tej gry wstępnej. Wiem, że tobie to nie daje tego, czego pragniesz, ale dla mnie byłoby bardzo przyjemne".

Spytałem Lucy: „Co James może zrobić dla ciebie, żeby tobie było miło w trakcie szybkiego seksu?"

Ona odparła: „Nie wiem na pewno. Mam sporo do rozważenia. Martwię się, że jeśli zgodzę się na ten szybki seks z Jamesem, sama już nic więcej nie dostanę".

James powiedział: „OK, to brzmi sensownie. A jeśli ci obiecam, że będziemy mieli tyle samo stosunków, co dotychczas?"

„W porządku — odpowiedziała Lucy. — Czy taki specjalny seks albo romantyczny wypad wieczorem może być przynajmniej raz w miesiącu?"

James zgodził się. W zamian za okazjonalny szybki seks,

czyli „seks jak danie barowe", raz albo dwa razy na tydzień będą uprawiali seks na luzie, czyli „seks jak domowe, zdrowe jedzenie", przynajmniej raz w miesiącu zaś wyznaczą specjalną porę na „seks jak wykwintna uczta".

„Czy jest jeszcze coś — spytałem Lucy — co chciałabyś, by James robił, abyś mogła zaakceptować szybki seks?"

„To wszystko brzmi wspaniale — powiedziała — ale wciąż nie jestem przekonana do tej idei". Zwróciła się do Jamesa i powiedziała: „Kiedy robimy ten szybki seks, czasami jest po wszystkim już po trzech albo czterech minutach, a ja dopiero zaczynam się podniecać. Czuję się tak, jakbyś spodziewał się po mnie, że będę podniecona w tak krótkim czasie, a ja tego nie potrafię".

„OK — odparł James. — Jeśli zgodzisz się na szybki seks, obiecuję, że nie będę oczekiwał twojego zaangażowania. To będzie twój prezent dla mnie. Możesz po prostu leżeć sztywno jak kłoda!"

Lucy roześmiała się i powiedziała: „OK, ale jest jeszcze coś". Uświadomiła sobie, że dysponuje wielką siłą w negocjacjach. Miała Księżyc, a teraz zmierzała ku gwiazdom, i James ochoczo szedł z nią. „Jeśli ty pragniesz szybkiego seksu — powiedziała — w takim razie ja chcę przytulania. Chcę wiedzieć, że jesteś gotowy przytulać mnie, tak żebyś się przy tym nie podniecał".

„Nie ma sprawy — zgodził się James. — Wystarczy, że mi powiesz, że chcesz się przytulić, i już. Ja się opanuję i będę miły i czuły. — Przerwał. — Czy to wszystko?"

„Myślę, że to wszystko" — powiedziała Lucy.

Cztery warunki

Uznałem, że zawarli fantastyczny układ, a James i Lucy uważali tak samo. Aby mieć pewność, że szybki seks nie będzie rodził poczucia winy, zasugerowałem, żeby podsumowali swój układ.

„A zatem — powiedział James do Lucy — biorąc pod uwagę te cztery warunki: regularny seks jak zdrowe, domowe jedzenie; raz na miesiąc seks jak wykwintna uczta; żadnych oczekiwań podczas szybkiego seksu i regularne przytulanie — będziesz gotowa dać mi seks jak danie barowe".

„Ale jeśli będę zmęczona — powiedziała Lucy — albo w trakcie miesiączki, albo będę miała jakikolwiek inny powód, nie chcę czuć presji, że muszę powiedzieć «tak»".

James ochoczo na to przystał, a podczas następnej sesji podzielił się wieścią, że podczas gdy uprawiali szybki seks, Lucy rzeczywiście leżała sztywna jak kłoda, ale jemu to nie przeszkadzało.

Jak zwiększyć pociąg seksualny

Ten nowy układ radykalnie odmienił ich życie seksualne. Pociąg Jamesa do Lucy zaczął gwałtownie rosnąć.

Opisał to w taki sposób: „Pierwszy raz w moim życiu płciowym poczułem całkowitą swobodę. Nareszcie mogłem opuszczać grę wstępną i przystępować od razu do stosunku. Po raz pierwszy wcale nie przejmowałem się techniką ani obowiązkiem dawania rozkoszy. Nie miałem żadnego poczucia winy, że Lucy nie dostaje tego, co się jej należy. Obojgu nam to odpowiadało, bo wiedzieliśmy, że Lucy dostanie swoją dawkę seksu kiedy indziej".

Dla Jamesa i większości mężczyzn swoboda szybkiego seksu bez poczucia winy jest tak wyzwalająca, jakby ktoś udawał się do sklepu ze świadomością, że może sobie w nim kupić wszystko, na co tylko ma ochotę, albo jakby mógł prowadzić samochód bez ograniczenia prędkości, albo jechać motocyklem bez kasku. To jest bardzo „młodzieńcze" doznanie, które wnosi wiele nowego do życia mężczyzny i do związku. W okresie młodzieńczym mężczyzna przeżywa seksualną kulminację. Nic więc dziwnego, że ta nowo zdobyta wolność seksualna ogromnie „doładowuje" życie seksualne mężczyzny.

Ponadto po zawarciu układu z Lucy James nigdy nie wahał się inicjować seks, bo nie obawiał się, że dostanie odprawę. Przeważnie wtedy, kiedy James przejawiał inicjatywę, a Lucy nie miała ochoty, zamiast powiedzieć „nie", co sprawiłoby, że poczułby się odtrącony, godziła się na szybki seks.

Co ciekawe, po kilku latach szybkiego seksu bez poczucia winy nie jest on już tak ważny dla Jamesa. Wielekroć, kiedy Lucy nie ma nastroju, zamiast zdecydować się na szybki seks, James jest gotów zaczekać, aż ona też będzie chciała seksu.

Wiedząc, że prawie zawsze może uprawiać szybki seks i że partnerka jest skłonna do tego, kiedy nie ma ochoty na stosunek, mężczyzna nie czuje się winny. To poczucie jest dla niego zasadnicze, aby partnerka go pociągała. Kiedy zostanie zawarty taki układ, mężczyzna będzie się czuł wspaniale, bo nie musi za każdym razem naciskać na hamulce.

Jak bezpiecznie inicjować seks, nawet wtedy, kiedy partnerka nie ma nastroju

Dzięki zdjęciu z szybkiego seksu odium winy kobieta utwierdza mężczyznę w poczuciu swobody inicjowania seksu. Oto niektóre zwroty służące do inicjowania seksu oraz najczęstsze odpowiedzi, jakich może udzielić kobieta, zamiast powiedzieć „nie".

On mówi:	**Ona odpowiada:**
1. „Bardzo mnie podnieciłaś. Chodźmy do łóżka".	1. „Nie mam nastroju, ale może być szybki seks".
2. „Stęskniłem się. Znajdźmy trochę czasu na seks".	2. „Uhm, to dobry pomysł. Teraz nie mam czasu, ale może być szybki seks".
3. „Mam trochę czasu. Chciałabyś się kochać?"	3. „Moglibyśmy teraz zrobić to szybko, a jutro może znajdziemy więcej czasu".

On mówi:	Ona mówi:
4. „Czy poszłabyś ze mną do sypialni na intymne chwile we dwoje?”	4. „Może być szybki seks. To mi pomoże trochę się odprężyć, a potem porozmawiamy”.
5. „Przeznaczmy dziś trochę czasu na seks”.	5. „No cóż, nie mam nastroju na grę wstępną, ale szybki seks byłby miły. Chcę czuć, jak poruszasz się we mnie, i nie mam ochoty na orgazm”.
6. „Taki jestem podniecony. Bardzo bym chciał kochać się z tobą”.	6. „Ja też bardzo bym chciała. Nie mamy dużo czasu, czy możmy to zrobić szybko?”
7. „Pokochajmy się wieczorem”.	7. „Okropnie boli mnie głowa. Może przełożymy to na jutro. Dzisiaj mogę ci służyć ręką”.
8. On nic nie mówi, tylko delikatnie przysuwa się w łóżku i zaczyna stosunek.	8. Ona szepcze: „Uhmm, to miłe. Mną się nie przejmuj”.
9. Odbywają stosunek; on dotyka łechtaczki, a ona sobie uświadamia, że nie będzie miała orgazmu.	9. Ona odsuwa jego rękę i mówi: „Chcę cię czuć w sobie, wystarczy mi twoja rozkosz”. Ten kod znaczy: „Nie musisz mi dawać rozkoszy. Szybki seks jest OK, bo moje ciało nie potrzebuje orgazmu”.
10. On sporo czasu poświęca na grę wstępną, a ona naprawdę nie ma nastroju do seksu i pragnie tylko być blisko niego, podczas gdy on się sam zaspokaja.	10. Ona może wziąć jego sztywny penis i wsunąć go w siebie, mówiąc: „Dziś będzie szybki seks”.

Uzupełnienie życia seksualnego szybkim seksem odbywanym bez poczucia winy, daje obojgu partnerom nieoczekiwaną ulgę. Dopóki mężczyzna nie zazna tej swobody, nie będzie wiedział, jak jej brak na niego wpływa i jak dalece powstrzymuje jego namiętność. Zastosowanie tego nowego kodu porozumiewania się uwalnia także kobietę od przymusu „grania" czy udawania orgazmu wtedy, gdy nie ma nastroju.

Dlaczego mężczyźni przestają inicjować seks

Za każdym razem, kiedy mężczyzna inicjował seks i został odtrącony, jest coraz bardziej zraniony, jego ego jest skaleczone. Po wielokrotnym „spaleniu" i pogardliwej odprawie mężczyzna zawaha się przed przystąpieniem do działania, a nawet może stracić chęć uprawiania seksu. Może wtedy pożądać kobiet, które go nigdy nie odtrąciły, albo może w ogóle stracić zainteresowanie seksem. Jeśli pociągają go inne kobiety, może opacznie zakładać, że własna żona już go nie pociąga. Jeśli mężczyzna traci zainteresowanie seksem, myśli, że się starzeje.

Kiedy mężczyzna czuje się odtrącany, zaczyna tracić pragnienie uprawiania seksu. Może wtedy pożądać kobiet, które go nigdy nie odtrąciły, albo może w ogóle stracić zainteresowanie seksem.

Na początku wspólnego życia pary z reguły uprawiają seks niemal o każdej porze, kiedy tylko mają okazję. Później przytłacza ich codzienny kierat pracy i obowiązków domowych, i seksu jest mniej. Potem, kiedy mają dzieci, muszą czekać na odpowiedni moment.

Kiedy mężczyzna próbuje zaproponować seks, mówiąc:

„Chodźmy do łóżka", często kobieta nieświadomie udziela mu jednej z następujących odpowiedzi odmownych:

- Teraz nie mogę. Muszę przygotować kolację.
- Teraz nie mogę. Mam pilne telefony.
- Nie mogę. Muszę jechać na zakupy.
- Nie mam czasu.
- Nie mogę. Mam dużo pracy.
- Nie mam nastroju.
- To naprawdę nie jest dobry moment.
- Boli mnie głowa.
- Nie mogę teraz myśleć o seksie.
- Mam miesiączkę i czuję się fatalnie.

Za każdym razem, gdy dochodzi do takiej sytuacji, mężczyzna stara się być wyrozumiały, ale emocjonalnie coraz trudniej mu opanować uczucie odtrącenia, a z czasem może w ogóle przestać inicjować współżycie seksualne. Może go nadal chcieć, ale po częstej odprawie będzie się powstrzymywał i czekał na wyraźny znak od partnerki, że ma odpowiedni nastrój.

Mężczyzna może poświęcić sporo czasu na dociekania, kiedy partnerka jest gotowa do seksu. Może się zastanawiać: „Czy teraz jest dobry moment?" Choć mężczyzna może sobie tego nie uświadamiać wprost, każdy przypadek, kiedy wbrew swemu nastrojowi powstrzyma się przed inicjowaniem seksu, sprawi, że będzie się czuł coraz bardziej odtrącony.

Pozory mylą

Jake i Annie byli siedem lat po ślubie. Po trzech latach pojawiły się pierwsze problemy małżeńskie, stąd też skorzystali z fachowej pomocy. Na początku łączyła ich wielka namiętność, ale z czasem pociąg przeminął. Podczas sesji terapeutycznej Annie powiedziała do Jake'a: „Pragnę, żebyśmy częściej uprawiali seks. Czy ja coś źle robię? Czy jesteś na mnie zły?"

Jake wydawał się zaskoczony: „Mnie się wydaje, że to ja zawsze pragnąłem seksu, a ty nie, bo nie byłaś w nastroju".

„Wiesz, czy mam nastrój, czy nie, choć mnie nie pytasz?" — powiedziała Annie.

„Wiem. Dostatecznie wiele razy odprawiłaś mnie z kwitkiem" — odparł Jake.

„To naprawdę nie fair — powiedziała Annie. — Czasem, kiedy nie mam nastroju, samo wspomnienie o seksie może sprawić, że nabiorę ochoty. Naprawdę bardzo to sobie cenię, gdy ty proponujesz seks".

Kiedy Jake i Annie dowiedzieli się o szybkim seksie bez poczucia winy, do ich związku wróciła namiętność.

Dlaczego mężczyźni czują się odtrąceni

Kiedy rozmawiali o odtrąceniu seksualnym, Annie nie rozumiała, dlaczego Jake miałby czuć się odtrącony, jeśli ona nie ma nastroju. Ponieważ lubi się z nim kochać, on nie powinien czuć się odtrącony.

Rozumowo Jake się z nią w zasadzie zgadzał, ale emocjonalnie było zupełnie inaczej. Z wielu powodów odtrącenie seksualne jest dla mężczyzny jedną z najbardziej drażliwych kwestii.

Mężczyźni mają znacznie większy popęd seksualny niż kobiety. Niemal nieustannie myślą o seksie. Jeśli mężczyzna pożąda seksu, czuje się odtrącony, kiedy go nie dostaje.

Jeśli mężczyzna pożąda seksu, czuje się odtrącony, kiedy go nie dostaje.

Jak już mówiliśmy, głównie dzięki pobudzeniu seksualnemu mężczyźni zaczynają więcej czuć. Serce mężczyzny otwiera się, gdy jest podniecony. Kiedy mężczyzna jest pobudzony i ma zainicjować seks, jest najbardziej wrażliwy. Właśnie wtedy najgłębiej odczuje ból odtrącenia. Jeśli czuje się zraniony i odtrącony przez partnerkę, pobudzenie sprawi, że ponownie odczuje ból. Będzie wściekły, nie wiedząc, z jakiego powodu.

Jeśli mężczyzna czuje się zraniony i odtrącony przez partnerkę, pobudzenie sprawi, że ponownie odczuje ból. Będzie wściekły, nie wiedząc, z jakiego powodu.

Kiedy mężczyzna nie wie, jak uniknąć poczucia odtrącenia, jego frustracja i ból wzmagają się. W rezultacie przestaje czuć pociąg do partnerki. Ta utrata pociągu nie jest wyborem, lecz reakcją automatyczną.

W niektórych przypadkach pociąg seksualny mężczyzny kieruje się gdzie indziej — ku kobiecie z fantazji, która go nie odtrąci, lub ku kobiecie, która jest mu obojętna. Nie ryzykuje wtedy bolesnego odtrącenia. To tłumaczy, dlaczego mężczyznę może podniecać nieznajoma kobieta, ale traci pociąg do tej, którą kocha.

Kobiety uwielbiają seks

Kobiety uwielbiają seks, ale zanim poczują pożądanie, mają więcej wymagań niż mężczyźni. Mężczyzna nie rozumie tego, ponieważ przez całe życie otrzymuje wiele przesłanek, że kobiety nie lubią seksu. Dla zachowania namiętności i atrakcyjności w związku, mimo upływu lat, mężczyzna potrzebuje sygnału, że partnerka uwielbia seks z nim.

Dla zachowania namiętności i atrakcyjności w związku, mimo upływu lat, mężczyzna potrzebuje sygnału, że partnerka uwielbia seks z nim.

Z reguły szczyt zainteresowania seksem przypada u mężczyzny w wieku 17 lub 18 lat. Kobieta osiąga ten szczyt w wieku 36-38 lat. Przypomina to wzór przeżyć mężczyzn i kobiet w trakcie współżycia seksualnego. Mężczyzna robi się podniecony bardzo szybko, po krótkiej grze wstępnej — wystarcza mu perspektywa odbycia stosunku — podczas gdy kobieta potrzebuje więcej czasu. Mężczyzna przypuszcza, że kobiety nie lubią seksu tak bardzo jak on.

Wpływ na niego mogła także wywrzeć postawa jego matki wobec seksu. Jeśli w okresie dojrzewania bał się, że matka odkryje jego rosnące zainteresowanie seksem i dziewczynami, mógł nabrać przekonania, że jego pociąg do seksu nie jest w porządku. Kiedy później jest z kobietą, na której mu zależy, podświadomie mogą się ujawnić mgliste odczucia, mówiące: „Muszę uważać z seksem, bo zostanę odtrącony".

Doświadczenia z przeszłości nie muszą spowodować zaniku zainteresowania seksem u mężczyzny, ale z pewnością uwrażliwiają go na poczucie odtrącenia, kiedy kobieta wydaje się nie zainteresowana seksem. Kiedy ona nie ma nastroju, on zaczyna myśleć: „Wiedziałem. Ona nie chce się kochać".

Jednym ze sposobów przeciwdziałania temu są wielekroć powtarzane subtelne sygnały, że kobieta lubi seks. Zaakceptowanie przez nią okazjonalnych aktów szybkiego seksu stanowi najsilniejszy sygnał wsparcia, jakiego może udzielić mężczyźnie. Innym pozytywnym sygnałem jest okazywanie przez kobietę wsparcia, kiedy mężczyzna inicjuje seks.

Zaakceptowanie przez kobietę okazjonalnych aktów szybkiego seksu oraz pozytywny sygnał, kiedy mężczyzna inicjuje seks, zapewniają trwały pociąg seksualny i namiętność.

Gdy mężczyźni niepotrzebnie czują się odtrąceni

Niejednokrotnie kobieta ma ochotę na seks, lecz mężczyzna sobie tego nie uświadamia. W rezultacie czuje się odtrącony, podczas gdy ona naprawdę chce seksu.

Przykładowo, mężczyzna zadaje jej jedno z następujących pytań:

- Chciałabyś się kochać?
- Chcesz się kochać?
- Masz nastrój do seksu?

Jeśli na którąś z tych propozycji ona odpowie: „Czy ja wiem", „Nie wiem" albo „Może", on zrozumie to opacznie i błędnie potraktuje jako odmowę. Mężczyzna myśli, że partnerka uprzejmie mówi „nie", podczas gdy ona naprawdę mówi, że nie wie. Mężczyźnie trudno to zrozumieć, ponieważ mężczyźni są jak Słońce, a nie jak Księżyc. Kiedy zapytać mężczyznę, czy ma ochotę na seks, odpowie zdecydowanie. Słońce albo wzeszło, albo zaszło. Mężczyzna na ogół wie z całą pewnością, czy chce seksu.

Kiedy kobieta nie jest pewna, czy ma ochotę na seks, znaczy to, że potrzebuje trochę czasu, uwagi i rozmowy, aby się przekonać. Mając tę świadomość, mężczyzna może z łatwością pokonać swą skłonność do tego, by od razu rezygnować ze swych zamiarów.

Czy jakaś cząstka ciebie pragnie seksu?

Kiedy partnerka nie jest pewna, czy chce seksu, mężczyzna, zamiast rezygnować, powinien ją spytać: „Czy jakaś cząstka ciebie pragnie seksu ze mną?"

Prawie zawsze kobieta odpowie: „tak". Nieraz mężczyzna może być zdumiony, jak szybko ona zareaguje, mówiąc:

„Oczywiście, jakaś cząstka mnie zawsze pragnie seksu z tobą”. To będzie balsam dla jego uszu.

A potem ona może opowiadać o wielu powodach, dla jakich nie chce seksu. Może powiedzieć: „Nie wiem, czy mamy dość czasu. Mam jeszcze pranie i kilka spraw do załatwienia”. Może też powiedzieć: „Sama nie wiem, co myśleć. Akurat teraz mam tyle na głowie. Chyba powinnam skończyć to, co zaczęłam”.

On powinien sobie wtedy przypomnieć, że ona nie mówi: „nie”. Ona po prostu potrzebuje rozmowy, żeby odnaleźć pożądanie. Częstokroć podzieliwszy się z nim powodami, dla których nie ma nastroju, odwróci się do niego i powie: „Zróbmy to”.

Bez zrozumienia odmienności kobiet mężczyzna może łatwo poczuć się urażony, kiedy partnerka podaje powody, dla których nie chce seksu. Jeśli jednak mężczyzna usłyszy, że jakaś jej cząstka pragnie seksu, jest mu o wiele łatwiej wysłuchać o tych jej cząstkach, które nie chcą seksu. Nawet jeśli kobieta ostatecznie dojdzie do wniosku, że nie ma ochoty iść do łóżka, może powiedzieć: „Może być szybki seks, jeśli chcesz”.

Nawet jeśliby miała powiedzieć: „Nie mam nastroju”, on nie poczuje się odtrącony, ponieważ z całą pewnością jakaś cząstka w niej pragnie seksu.

Kobieta może także skorzystać z tej wiedzy. Kiedy mężczyzna chce seksu, a ona nie jest pewna, może mu ułatwić wspólne, cierpliwe odkrywanie, czego by pragnęła. Weźmy taki przykład:

On pyta: „Masz ochotę na seks?”

Ona mówi: „Cząstka mnie bardzo pragnie seksu, ale nie jestem całkiem pewna. Muszę jeszcze zrobić zakupy, a potem mam kilka spraw do załatwienia. Jeszcze nie...” i tak dalej.

Najpierw dając mu do poznania, że cząstka jej pragnie seksu, kobieta znacznie ułatwia mężczyźnie wysłuchanie i zaakceptowanie powodów braku nastroju.

Czy to seks, czy kochanie

Mężczyzna może także nabrać przekonania, że partnerka nie lubi seksu, jeśli ona nigdy nie używa słowa „seks". Oto co powiedział Eric: „Pamiętam, że jedna z moich partnerek odmawiała nazywania seksu seksem. Zawsze chciała to nazywać «kochaniem się». Kiedy mówiłem, że pragnę seksu, ona zwykle mówiła «nie» i stawała się krytyczna. Nie życzyła sobie, żebym używał tego słowa. Mogłem zrozumieć, że jej się podoba sformułowanie «kochać się», ale czułem się zawstydzany. Oczywiście, w sercu i w myślach chciałem się z nią kochać, ale moje ciało chciało seksu. Po dłuższym czasie seks z nią przestał mnie interesować. Ostatecznie rozeszliśmy się". Taki mały spór terminologiczny, a wywołał wielki problem.

Kiedy Eric zaangażował się w związek z Trish, zauważył, że ona często używa terminu „kochanie się" zamiast „seks". Mając już pewne doświadczenie, postanowił wyjaśnić tę kwestię na samym początku.

Eric powiedział Trish, że zdecydowanie woli nazywać seks seksem. Powiedział też, że rozumie jej upodobanie do sformułowania „kochać się". Zawarli więc układ: jej nie będzie przeszkadzać słowo „seks" w jego ustach, o ile uprawiając seks, będą „się kochać", co oznacza, że seks zawsze jest kochający.

Czasami Trish używa zwrotu „kochać się", co Erikowi nie przeszkadza, lecz jemu bardziej odpowiadało, gdy nazywała to „seksem". Od czasu zawarcia układu on ma pewność, że jej to nie przeszkadza, kiedy używa słowa „seks".

Eric powiedział: „Jeślibym musiał mówić «kochać się» zamiast «uprawiać seks», czułbym się tak, jakbym ją chciał zwodzić albo ukrywał, że chcę seksu". Oto jak mała różnica w sposobie nazywania seksu przyniosła poprawę w ich związku.

Erotyczny szyfr

Dla niektórych par słowo „seks" ma negatywne odcienie znaczeniowe. Jeśli niedogodnie jest wam używać słowa „seks", możecie stworzyć własne sekretne zwroty. Nawet jeśli wyraz „seks" jest dla was dogodny, i tak możecie mówić szyfrem dla zabawy.

Jedna z par ujawniła mi swój szyfr. Dla nich słowo „żeglowanie" oznacza seks. Gdy mąż inicjuje seks, czasami mówi np.: „Jest taki słoneczny dzień. Czy chciałabyś pożeglować?"

Kiedy żona inicjuje seks, mówi: „Pogoda jest dziś wspaniała... Może warto by po...", a on pyta: „Pożeglować?" Oboje się uśmiechają i są gotowi do radosnej zabawy.

Jeśli „żeglowanie" jest waszym szyfrem, wówczas przed seksem jak długa, wykwintna uczta możecie powiedzieć: „A może by tak wyruszyć w długi rejs?"

Kiedy on inicjuje seks, a ona nie jest w nastroju, może zasugerować szybki seks, mówiąc: „Lepiej skorzystajmy z motorówki". Bądźcie pomysłowi. Przekonajcie się, jakie zabawne słowa szyfru potraficie razem wymyślić.

Seks a media

Media mają ogromny wpływ na to, że mężczyźni są tak bardzo uwrażliwieni na odtrącenie. Współczesnego mężczyznę dzień w dzień media bombardują reklamami, w których pojawiają się zmysłowe kobiety, a ich ciała mówią: „Pragnę cię. Jestem gotowa. Tęsknię do ciebie. Jestem twoja. Chcę seksu. Przyjdź i weź mnie".

Dla mężczyzny jest to bardzo ekscytujące, ale kiedy uwikła się w ten świat fantazji, będąc w świecie rzeczywistym i myśląc o tej fantazji, poczuje, jakby on jeden nie zaznawał gorącego i namiętnego seksu. Nawet jeśli ma partnerkę, mężczyzna może czuć, że coś jest nie w porządku, skoro ona nie miewa takiego nastroju. Trawa po drugiej stronie lampy kineskopowej wydaje się zdecydowanie bardziej zielona.

Mężczyzna nie uświadamia sobie, że choć kobieta naprawdę pragnie seksu, zanim poczuje pożądanie, potrzebuje wsparcia emocjonalnego. Kiedy partnerka nie chce seksu tak bardzo jak on, mężczyzna zaczyna czuć się tak, jakby musiał przeskoczyć przez obręcz, żeby go dostać. Czuje, że jest na straconej pozycji.

A ona wręcz uwielbia seks, ale musi czuć romantyzm i miłość; jej potrzeby seksualne mogą być równie silne jak jego. Czasami dla rozbudzenia jej pożądania seksualnego może wystarczy coś tak prostego, jak przyniesienie jej kwiatów albo posprzątanie w kuchni. (Nie śmiejcie się, mężczyźni — podczas moich seminariów kobiety zawsze głośno klaszczą w tym miejscu!)

Mężczyzna nie uświadamia sobie, że choć kobieta naprawdę pragnie seksu, zanim poczuje pożądanie, potrzebuje wsparcia emocjonalnego.

Paradoks współczesnych czasów polega na tym, że seks jest wszechobecny w mediach, ale coraz więcej kobiet narzeka, że ich mężów seks nie interesuje. Im więcej seksu mężczyźni widzą w mediach, tym bardziej czują się odpychani w domu i tym bardziej zanika ich pociąg do partnerki. Mężczyzna traci pociąg nie dlatego, że jego partnerka nie dorównuje nieskazitelnym ciałom kobiet, które ogląda w telewizji albo w czasopismach, ale dlatego, że czuje się odtrącony i sfrustrowany.

Dla kobiet jest rzeczą ważną, by zrozumiały, że to nie ciała przede wszystkim pociągają mężczyzn, ale to, że tamte kobiety są zdecydowanie otwarte na seks. Aby wciąż pociągać mężczyznę, partnerka nie musi konkurować z kobietą z mass mediów i dążyć do uzyskania perfekcyjnego ciała. Zamiast tego powinna pracować nad pozytywną postawą wobec seksu.

Aby wciąż pociągać mężczyznę, partnerka nie musi konkurować z kobietą z mass mediów i dążyć do uzyskania perfekcyjnego ciała. Zamiast tego powinna pracować nad pozytywną postawą wobec seksu.

Dlaczego mężczyźni czują, że są na straconej pozycji

Nie rozumiejąc różnic między męskimi a kobiecymi potrzebami seksualnymi, mężczyzna czuje, że jest na straconej pozycji. Pragnie seksu, ale czuje, że musi przekonać kobietę, by ona też go chciała.

Mężczyzna nie uświadamia sobie, że ona też ma nie najlepszą sytuację. Kobiety są spragnione intymności i porozumienia, a mężczyźni nie są tym zainteresowani. Kobieta może zrozumieć wrażliwość seksualną mężczyzny, porównując ją z własną wrażliwością na uczucia, porozumienie i intymność.

Kobieta może zrozumieć wrażliwość seksualną mężczyzny, porównując ją z własną wrażliwością na uczucia, porozumienie i intymność.

Poczucie odtrącenia, kiedy ona pragnie rozmowy i intymności, jest okropnym doznaniem. Kobiety mogą bez trudu ustalić pokrewieństwo tej wrażliwości. Bez zrozumienia różnic między mężczyznami a kobietami i wykorzystania tajemnic sztuki miłosnej w celu porozumienia, emocjonalne wycofanie się mężczyzny do jego jaskini może być dla kobiety bardzo bolesne. Po jakimś czasie ona w ogóle nie czuje potrzeby, by się z nim dzielić sobą i być wobec niego otwarta.

Podobnie jak kobieta może zastosować nowe umiejętności do wyciągnięcia partnera z jaskini (zob. moją książkę *What Your Mother Couldn't Tell You & Your Father Didn't Know*), także mężczyzna może zastosować nowe umiejętności w celu „otwarcia” kobiety na seks. Kiedy zrozumiemy, co nas różni, uświadomimy sobie, że zamiast przekonywać partnerów, by nas bardziej kochali albo uprawiali seks, jakiego pragniemy, mocniej wspieramy partnerów przez stosowanie sztuki miłosnej. Umiejętnie kochając, pozwalamy im dawać nam tę miłość, której potrzebujemy.

Bez tych umiejętności po trzech lub czterech latach pary automatycznie tracą silny fizyczny pociąg, jaki czuły na początku. W następnym rozdziale zbadamy, dlaczego współczesne pary uprawiają mniej seksu.

ROZDZIAŁ SIÓDMY

DLACZEGO PARY UPRAWIAJĄ MNIEJ SEKSU

Obecnie pary uprawiają mniej seksu niż sugerują mass media. Owszem, mnóstwo spragnionych mężczyzn i kobiet czeka na seks, ale kiedy już się pobiorą, po kilku latach inne rzeczy stają się ważniejsze, a na seks zwracają mniej uwagi.

Ten zanik zainteresowania wynika przede wszystkim z tego, że mężczyźni czują się odtrąceni, a kobiety nie czują się uwodzone i rozumiane. Kobieta instynktownie nie uświadamia sobie, jak drażliwy jest mężczyzna, kiedy ona okazuje, że nie ma nastroju do seksu. Mężczyzna zaś instynktownie nie uświadamia sobie, jak bardzo kobieta potrzebuje romantyzmu i porozumienia, aby mogła się „otworzyć” i mieć nastrój.

Zanik zainteresowania seksem wynika przede wszystkim z tego, że mężczyźni czują się odtrąceni, a kobiety nie czują się uwodzone i rozumiane.

Aby mężczyzna nie czuł się odtrącony, pary powinny dążyć do nieskrępowanego, pozytywnego i bezproblemowego porozumienia w sferze seksu, zwłaszcza odnośnie do jego inicjowania. Kiedy mężczyzna wielokrotnie otrzymuje zapewnienie — i szczerze w nie wierzy — że partnerka uwielbia seks z nim, jego pragnienia seksualne mogą pozostać zdrowe i silne.

Kiedy mężczyzna wielokrotnie otrzymuje zapewnienie — i szczerze w nie wierzy — że partnerka uwielbia seks z nim, jego pragnienia seksualne mogą pozostać zdrowe i silne.

Kiedy kobieta czuje, że mężczyzna jest sprawny w łóżku

i daje jej wsparcie, pożądanie seksualne może pozostać świeże. Dlą kobiety najważniejsze jest porozumienie i czułe wsparcie w związku. Dla mężczyzny udany związek jest oczywiście ważny, ale częstokroć ważniejsze jest udane współżycie seksualne z partnerką.

Kiedy kobieta czuje, że mężczyzna jest sprawny w łóżku i daje jej wsparcie, pożądanie seksualne może pozostać świeże.

Inicjowanie seksu a rozmowa

Kiedy mężczyzna jest przekonany o pozytywnym nastawieniu partnerki, będzie wciąż inicjował seks. Jeśli mężczyzna czuje się odtrącany albo musi nakłaniać partnerkę do seksu, przestanie go inicjować. Stanie się bierny i straci zainteresowanie seksem.

Aby mężczyzna był wciąż namiętny, musi czuć, że ma swobodę inicjowania seksu. Tak jak kobieta potrzebuje poczucia, że partner jej wysłucha i nie odtrąci, tak mężczyzna potrzebuje poczucia, że może inicjować seks i nie zostanie odtrącony.

Kiedy mężczyzna nie ma nastroju do rozmowy, powinien to powiedzieć delikatnie. Może powiedzieć: „Chcę zrozumieć twoje uczucia, ale najpierw potrzebuję trochę czasu dla siebie, a potem możemy porozmawiać". Kiedy mężczyzna pracuje nad tym, by pokazać, że interesują go uczucia partnerki, i to tak dalece, że później wróci do tej rozmowy, ona poczuje się kochana.

Podobnie, kiedy kobieta nie ma nastroju do seksu, ale zadba o to, by dać partnerowi poznać, że uwielbia seks z nim, mężczyzna będzie się czuł kochany. Kiedy kobieta nie ma nastroju, mężczyzna chce usłyszeć, że już niedługo będzie gotowa i z ochotą będzie się z nim kochać.

Z tą świadomością kobieta bardziej reaguje na wrażliwość

mężczyzny i ma większą motywację do szukania takich sposobów, by on czuł, że może swobodnie inicjować seks. Tak jak porozumienie „otwiera" kobietę na radość udanego seksu, tak perspektywa udanego seksu bezpośrednio pomaga mężczyźnie być bardziej kochającym.

Tak jak porozumienie „otwiera" kobietę na radość udanego seksu, tak perspektywa udanego seksu bezpośrednio pomaga mężczyźnie być bardziej kochającym.

Gdy kobieta pragnie więcej seksu

Kiedy mężczyzna nie inicjuje seksu, ponieważ może zostać odprawiony z kwitkiem, musi czekać na partnerkę. Kiedy czuje, że musi czekać, aż ona zaproponuje seks, traci pożądanie i nawet nie wie dlaczego. Kiedy tak się zdarzy, wahadło wychyla się w drugą stronę — on pragnie seksu mniej niż ona. Zdarza się, że kobieta wpada wówczas w lekką panikę. Zaczyna tęsknić do seksu i bardziej go pragnie. Jednak im bardziej ona pragnie seksu, tym bardziej mężczyzna traci pożądanie. Jej większe pożądanie staje się dla mężczyzny znakiem, że on nie staje na wysokości zadania. Ta reszta pożądania, którą mężczyzna jeszcze czuje, szybko zanika.

Seks to delikatna kwestia równowagi, a mężczyźni bardziej niż kobiety są podatni na zachwianie równowagi. Jeśli mężczyzna chce seksu bardziej niż kobieta i potrafi cierpliwie i wytrwale go inicjować, stopniowo zdobędzie kobietę, a ona będzie chciała z nim współżyć.

Kiedy kobieta bardziej pragnie seksu niż mężczyzna i okazuje mu swe niezadowolenie, mężczyzna może rzeczywiście czuć się urażony. Tak jakby był zobowiązany do odbycia stosunku i musiał dla niej „zagrać".

Kobiety już zrozumiały, jak presja na „granie" może stępić pobudzenie. U mężczyzn skutki tej presji są dziesięciokrotnie większe.

Mężczyzna nie może udawać, że jest pobudzony, tak jak może to robić kobieta. Jeśli on nie ma erekcji, to znak, że nic z tego nie będzie. Kobieta może łatwo ukryć brak pobudzenia i udawać, że wszystko jest w porządku. Mężczyzna tego zrobić nie może.

Zwiększona wrażliwość sprawia, że dla mężczyzny presja jest bardziej dojmująca. Może ona przeszkodzić mu w uzyskaniu pobudzenia. Jeśli czuje, że musi „grać" albo uzyskać erekcję, nic, ale to naprawdę nic, nie dzieje się w jego „dolnych partiach".

Ponieważ mężczyzna nie może udawać, że jest pobudzony, tak jak może to robić kobieta, czuje zacznie większą presję, żeby „grać".

Co ona może zrobić, kiedy on nie ma nastroju

Wiele par w takiej sytuacji po prostu rezygnuje. Kobieta wyczuwa zakłopotanie partnera i wycofuje się. Nie wie, co robić. Jeśli podejmuje rozmowę na ten temat, on czuje, że go obwinia, a jeśli sama zaczyna działać, on okazuje zmęczenie albo brak nastroju do seksu.

Na szczęście ten problem daje się rozwiązać. Tak jak mężczyzna może uprawiać z partnerką szybki seks, kiedy ona nie ma nastroju, tak samo kobieta może zastosować pewne arkana sztuki miłosnej, kiedy partner nie ma nastroju.

Tak jak mężczyzna może uprawiać z partnerką szybki seks, kiedy ona nie ma nastroju, tak samo kobieta może zastosować pewne arkana sztuki miłosnej, kiedy jej partner nie ma nastroju.

W którymś momencie David i Sue przekonali się, że ona zaczęła pragnąć seksu o wiele bardziej niż on. Sue często miała ochotę, a David z radością reagował, kiedy mu proponowała seks. Przez szereg tygodni wszystko było wspaniale. Uprawiali seks kilka razy na tydzień, a bywało, że dwa razy dziennie. Jednak ostatecznie Davida zaczęło to męczyć. Dla niego było to nowe doświadczenie. Nigdy wcześniej nie zaznał tego, że kobieta pragnie więcej seksu niż on.

Początkowo nie wiedział, jak powiedzieć „nie" i „szedł na to", nawet kiedy nie miał ochoty. To nie był dobry pomysł. Dość szybko zaczął odczuwać presję, żeby „grać". Seks przestał być zabawny. Stał się czymś w rodzaju obowiązku, a to już nie było miłe. Aby wyeliminować tego rodzaju odczucia, David postanowił, że następnym razem będzie musiał powiedzieć „nie".

Jednak wciąż nie wiedział, jak odmówić, nie odtrącając Sue ani nie raniąc jej uczuć. Kiedy któregoś wieczoru wrócił z pracy, Sue przytuliła się do niego na kanapie, podczas gdy oglądał wiadomości. Po kilku minutach zaczęła delikatnie pocierać jego uda.

Starając się nie być szorstki, nakrył jej dłoń swoją dłonią, żeby ją powstrzymać, i powiedział: „Jestem ogromnie zmęczony. Naprawdę muszę obejrzeć wiadomości". A potem, nie chcąc, by to zabrzmiało jak odprawa, bez większego namysłu dodał: „Może pójdziesz do sypialni i zaczniesz sama, a ja później przyjdę do ciebie?"

David wrócił do oglądania telewizji i zapomniał o tej wymianie zdań. Był zmęczony i już miał się zdrzemnąć, kiedy — po 45 minutach — usłyszał cichy głos z góry: „Davidzie, jestem gotowa".

To było niczym cud. Nagle z miejsca się rozbudził. „Zaraz przyjdę!" — zawołał.

Kiedy położył się do łóżka, Sue już była gotowa do orgazmu, bo przez minione 45 minut coraz bardziej się rozbudzała, pieszcząc się i fantazjując o tym, że David kocha się z nią. Nic dziwnego, że mniej więcej w dwie minuty po tym, jak w nią wszedł, miała orgazm. Po kilku sekundach on też miał orgazm. Sue cieszył upragniony seks, a dla Davida to było niebiańskie przeżycie, jeszcze lepsze niż szybki seks, bo w ogóle nie musiał „grać", a mimo to dał jej orgazm.

Branie własnej przyjemności na siebie

Zamiast żywić urazę, że David nie miał nastroju, Sue po prostu wzięła na siebie własne zaspokojenie. Takie poczucie odpowiedzialności jest bardzo dobre. Ideałem byłoby w żadnej sferze związku nie obarczać partnera odpowiedzialnością za własne niepowodzenia, lecz zwłaszcza w sferze seksu bardzo trudno jest zaspokoić swoje potrzeby, nie zdradzając partnera. Właśnie dlatego tak ważna jest masturbacja.

Pomysłowość Sue uwolniła ją od poczucia zależności od Davida, wtedy gdy nie mógł jej dać tego, czego pragnęła. Sue zrobiła to, co mogła najlepszego w tej sytuacji; poszła do łóżka, wyobrażając sobie, że David kocha się z nią. Przez dłuższy czas oddawała się zmysłowym pieszczotom i masturbowała, powoli budując swe napięcie seksualne, tak że kiedy on wszedł w nią, była już bliska orgazmu.

Potem David powiedział jej, że dla niego było to bardzo radosne i że to doskonały sposób, by go podniecić, kiedy nie ma nastroju. Ta zwięzła wymiana zdań dała Sue przyzwolenie na znacznie większą swobodę autoekspresji seksualnej, a ponadto zapewniła jej możliwość uprawiania seksu, kiedy tylko zechce.

Jeśli mężczyzna jest zmęczony i nie ma nastroju do seksu, a kobieta zachowuje się tak, jakby wszystko było w porządku, on naprawdę doceni tę jej akceptację. W przeciwnym razie mężczyzna może zacząć czuć brzemię presji, by się „spisywał". Jeśli ona pragnie orgazmu, a on nie ma nastroju i zasypia, partnerka może po prostu położyć się do łóżka i zacząć się zmysłowo dotykać i masturbować.

Po mniej więcej dwudziestu minutach może się obrócić

na bok i delikatnie, ale zdecydowanie pocierać o bok partnera. Kiedy on się przebudzi, czując, jak przylega do niego jej ciepły srom, może wówczas przystąpić do „pełnienia obowiązków". Tym sposobem oboje będą usatysfakcjonowani. Ona nie musi się czuć tak, jakby nie mogła uzyskać spełnienia seksualnego, jakiego pragnie. Właśnie dlatego dobrze jest, by się masturbowała, kiedy on jest przy niej, zamiast wyłącznie wtedy, kiedy jest sama.

Jeśli partner dużo podróżuje, kobieta może pragnąć masturbacji podczas jego nieobecności. On wie, że ona nie może się doczekać, i jeszcze bardziej się podnieci. Może nawet zacznie skracać swe wyjazdy. Zdecydowanie zalecam, by partnerzy informowali siebie wzajemnie, kiedy się masturbują, tak by druga strona miała możliwość przyłączenia się.

Partnerzy powinni informować siebie wzajemnie, kiedy się masturbują, tak by druga strona miała możliwość przyłączenia się.

Powrót do seksu

Kiedy partnerzy zaprzestali współżycia seksualnego, trudno im do niego powrócić. Taka przerwa mogła być wynikiem choroby, kłótni albo szczególnie stresującego okresu w życiu, lecz kiedy para wypadła z rytmu seksu, nie jest łatwo do niego wrócić. Ponowne podjęcie współżycia po dłuższej przerwie może być nader trudne. Jeśli skorzystacie z tajemnic sztuki miłosnej, powrót do tego rytmu będzie łatwiejszy.

Jim był bezrobotny od kilku miesięcy i czuł się mocno przygnębiony. Julia, jego żona od trzynastu lat, była sfrustrowana nie tylko dlatego, że Jim cały czas tkwił w swej jaskini, ale także dlatego, że nie uprawiali seksu. Rozumiejąc jego potrzebę przestrzeni, bardzo się starała zachować ogromną cierpliwość. W końcu Jim dostał nową pracę i jego samopoczucie bardzo się poprawiło. Wszystko się poprawiło — z jednym wyjątkiem: w ogóle nie było seksu.

Przedstawiłem im nową metodę przywrócenia współżycia seksualnego. Zaleciłem Julii, że kiedy chce zbliżenia, powinna powiedzieć Jimowi mniej więcej coś w tym stylu: „Jestem dziś taka podniecona, ale widzę, jaki jesteś zmęczony. Jeśli nie chcesz seksu, to w porządku, ale pomyślałam, że będę się masturbować, myśląc o tobie. Jak będę tuż-tuż przed orgazmem, jeśli zechcesz się do mnie przyłączyć, to bardzo proszę. A jeśli nie zechcesz, to też dobrze".

Nazajutrz Julia zadzwoniła do mnie i nagrała na automatyczną sekretarkę miłą wiadomość. Po wielu podziękowaniach powiedziała, że nowa metoda zdziałała cuda. Także Jim był bardzo wdzięczny. Czasami wystarczy jedno udane przeżycie, a mężczyzna znowu siedzi w siodle. Nie ma lepszego afrodyzjaka jak sam seks. Im łatwiej o seks, tym bardziej się go pragnie.

Metoda pośrednia

Jeszcze inny sekret — jak pomóc mężczyźnie przejść od braku zainteresowania seksem do pobudzenia — polega na takim podejściu ze strony kobiety, by było ono jednoznaczne, ale niebezpośrednie. Kiedy mężczyzna, zapytany czy ma ochotę na seks, powie, że nie, jest mu znacznie trudniej zmienić zdanie. Jak już mówiliśmy, w przypadku kobiet jest dokładnie na odwrót. Kiedy dać jej szansę odmowy, a potem porozmawiać o jej uczuciach, kobieta może się rozbudzić i stwierdzić, że zmieniła zadanie i ma ochotę na seks.

Mężczyźni są inni. Kiedy mężczyzna powie, że nie ma ochoty na seks, to poniekąd jest to zapisane raz na zawsze. Jeśli partnerka nalega, usiłując inicjować zbliżenie seksualne, mężczyzna czuje presję „grania".

> Kiedy mężczyzna powie, że nie ma ochoty na seks, to poniekąd jest to zapisane raz na zawsze. Jeśli partnerka nalega, usiłując inicjować zbliżenie seksualne, mężczyzna czuje presję „grania".

Jeśli jednak kobieta umie inicjować seks metodą pośrednią, mężczyzna ma czas, by w milczeniu pokonać wszelkie opory, i być może się rozbudzi. Aby inicjować seks metodą pośrednią, kobieta może wypracować różne sygnały erotyczne. Nawet jeśli partner nie potrzebuje czasu na to, by stopniowo się rozbudzić, i tak doceni te sygnały, bo znacznie ułatwiają mu one inicjowanie współżycia seksualnego.

Jakkolwiek tego rodzaju sygnały są bardzo osobiste i zapewne odmienne dla każdej kobiety, poniżej podaję pewne sposoby, jakimi kobiety mogą wysłać erotyczne sygnały, zwłaszcza poprzez to, co wkładają na siebie, idąc do łóżka. Podane przeze mnie interpretacje wydają się na ogół właściwe, ale rzecz jasna każda kobieta jest niepowtarzalna.

Czarne koronki lub podwiązki

Noszenie czarnych koronek lub podwiązek jest bardzo wyraźnym znakiem, że kobieta pragnie seksu. Wyzywający strój z czarnego jedwabiu mówi, że ona wie, czego chce, a tym, czego chce, jest gorący, wyzywający, intensywny seks. Ona nie tylko pragnie seksu, ale wręcz tęskni do niego.

Białe jedwabie

Kiedy kobieta ubiera się w biały jedwab, sygnalizuje, że chciałaby zmysłowego, delikatnego i czułego seksu. Tak jakby była dziewicą i chciała, by partner był niespieszny i okazywał jej delikatną czułość.

Różowe jedwabie lub koronki

Kiedy kobieta ubiera się w różowy jedwab lub koronki, gotowa jest ulec seksowi jako romantycznemu wyrazowi podatności na czułość, a ostatecznie szalonego zapomnienia się. Chce poczuć siłę partnera i poddać się jego miłości. Jest w niej najgłębsza namiętność, która tylko czeka na to, by partner ją rozpalił dzięki namiętnej tęsknocie i oddaniu dla niej.

Zmysłowe perfumy i egzotyczne zapachy

Kiedy kobieta kropi się pewnymi rodzajami perfum, może chcieć, by partner, wdychając je, zmysłowo rozkoszował się nią. Wielu mężczyzn, dzięki zmysłowym perfumom i egzotycznemu zapachowi kobiety, znacznie bardziej pożąda zbliżenia. Mężczyzna musi ustawicznie kontrolować swą namiętność i nie spieszyć się, rozkoszując się każdym etapem seksu, raz po raz pauzując i powtarzając swe poprzednie działania, zanim przejdzie do następnego sposobu stymulowania i zadowalania partnerki.

Czarny biustonosz i czarne figi

Kiedy kobieta ubiera się w czarny biustonosz i czarne figi, chce być uwodzicielska, kusząca i bardziej przedsiębiorcza niż zwykle. Choć zaczyna ostro, w głębi duszy pragnie, by on z nią tańczył, a ostatecznie skończył „na górze", w pełni panując nad własnymi namiętnościami, podczas gdy ona ulega i poddaje się miłości partnera.

Krótka, luźna koszula nocna bez majtek

Kiedy kobieta ubiera się w krótki, kobiecy podkoszulek z bawełny i do kompletu figi albo krótką, luźną koszulę nocną bez majtek — może to znaczyć, że tego wieczoru nie potrzebuje dłuższej gry wstępnej i że może ma, a może nie ma nastroju do orgazmu. Może tylko chce poczuć, jak mężczyzna porusza się w niej podczas stosunku, i będzie szczęśliwa i zaspokojona, czując jego orgazm.

Pójście do łóżka nago

Kiedy kobieta nago kładzie się do łóżka, po tym jak partner zainicjował seks, jeszcze nie ustaliła, na co ma ochotę, albo po prostu jest otwarta na wszystko, co się zdarzy.

Kolczyki i biżuteria

Kiedy kobieta idzie do łóżka w kolczykach i innej biżuterii, czuje swe piękno i pragnie być adorowana. Może to znaczyć, że pragnie bardzo powolnego i zmysłowego seksu. Mężczyzna powinien pamiętać, by wiele razy wypowiedzieć właściwe słowa o tym, jaka jest piękna.

Stare barchany

Kiedy kobieta ubiera się w stare barchany, najwyraźniej nie ma nastroju! To jest odpowiednia pora na przytulanie. Mężczyzna może po prostu przysunąć się bliżej i czule ją pieścić, ale nie powinien się podniecać.

Ubieranie się do seksu

Wyrażając swe nastroje seksualne poprzez ubiór, kobieta pomaga mężczyźnie poczuć się pożądanym i atrakcyjnym. Interpretacje podane wyżej oczywiście nie pasują dokładnie do każdej kobiety, ale dają mężczyźnie punkt odniesienia, aby mógł odczytać kobiece sygnały erotyczne. Te przykłady mogą też pomóc kobiecie uświadomić sobie znaczenie ubioru w łóżku, tak by odpowiadał mężczyźnie, a jednocześnie, by dla niej nie był krępujący.

Ja sam po pewnym incydencie lepiej uświadomiłem sobie sygnały, jakie dawała mi żona za pomocą stroju, w którym szła do łóżka. Po czułościach w łóżku, trwających jakiś czas, wstała, mówiąc, że chce się przebrać. Kiedy podchodziła do szafy, spytałem: „Po co się przebierasz? Ja właśnie zamierzam to z ciebie zdjąć". Odpowiedziała mi z uśmiechem: „Tak, ale chcę, żebyś zdjął odpowiedni strój. Ten nie oddaje mojego dzisiejszego samopoczucia". Od tego momentu zacząłem baczniej obserwować, co żona ma na sobie i jak przez to wyrażają się jej pragnienia seksualne i samopoczucie.

Inne sygnały erotyczne

Istnieje więcej sposobów, jakimi kobieta może zasygnalizować mężczyźnie, że ma nastrój do seksu, nie robiąc tego bezpośrednio. Zbadajmy kilka oczywistych przykładów, jak kobieta może dać mężowi wyraźny, choć pośredni znak, że ma ochotę na seks.

Jedne z tych sygnałów mogą ci odpowiadać, inne nie. Wybieraj tak, jak w sklepie wybierałabyś stroje do przymierzenia. Może dzięki nim wpadniesz na pomysł stworzenia własnych sygnałów.

Odprężające kąpiele

Mary bierze długą kąpiel, by dać znak swemu partnerowi, Billowi, że ma nastrój. Przynosi przenośny odtwarzacz kompaktów i nastawia muzykę, która najlepiej pasuje do jej usposobienia. Nastrojowa muzyka oznacza nastrojowy seks. Hard rock oznacza, że Mary ma nastrój do intensywnego seksu. Muzyka z eksponowaną perkusją oznacza, że Mary czuje się seksownie i chce, by seks trwał bardzo długo.

Świece

Jeśli jest w odpowiednim nastroju, Susan zapala świecę przy łóżku albo kadzidełko. Rachel, kiedy ma odpowiedni nastrój, zapala świece do kolacji.

Czekoladki

Kiedy idą do kina i Sharon prosi Toma, by kupił jej czekoladę, Tom wie: „Dziś wieczorem". Jego żona potrzebuje czekolady wówczas, gdy jej ciało pragnie wielkiego orgazmu.

Ogień w kominku

Carol, kiedy jest odpowiednio usposobiona, rozpala ogień w kominku w sypialni albo prosi męża, by to zrobił. Kiedy on rozpala ogień, ona, siedząc przy nim, przygląda się i wyraźnie daje mu do zrozumienia, jak bardzo docenia to, że on poświęca na to swój czas.

Czekanie do późnego wieczora

Zwykle kiedy Grant późno wraca z delegacji, Theresa już śpi. Czasami jednak kładzie się, ale nie zasypia, tylko czeka na niego, czytając w łóżku. Kiedy mąż wchodzi do sypialni, a ona ostentacyjnie odkłada książkę na bok, Grant wie, że żona jest w odpowiednim nastroju.

Gotowanie jego ulubionych potraw

Kiedy Karen ma nastrój do seksu, przygotowuje na obiad ulubione danie męża: łososia i purée.

Orzeszki pistacjowe

Po rozmowie, w której Tom powiedział Joyce, że świeże orzeszki pistacjowe działają na niego jak afrodyzjak, Joyce, przynosząc z targu świeże orzeszki pistacjowe, daje mu znać, że ma nastrój. Czasami w ciągu dnia zostawia je po prostu na stole. To daje Tomowi czas, by się podniecił na myśl o tym, co ich czeka.

Wino

Margaret przynosi do domu wino tego gatunku, za którym oboje z mężem przepadają. Czasami prosi, by mąż kupił butelkę po drodze z pracy.

Przytulanie

Kiedy Cheryl podczas spaceru przytula się do męża, dla niego jest to sygnał, że ona ma odpowiedni nastrój.

Trzy pocałunki

Kiedy Maggie całuje męża trzy razy na powitanie, ma nastrój do seksu. Trzy pocałunki pod rząd, a on już czuje ten dreszczyk.

Masaż stóp

Evelyn, kiedy ma ochotę na seks, prosi męża, by jej wymasował stopy. Leslie sygnalizuje, że ma nastrój, proponując partnerowi, że mu zrobi masaż stóp. Obie metody są skuteczne.

Wywieszenie flagi

Mój ulubiony przykład sygnału erotycznego pochodzi z filmu o pewnej mongolskiej rodzinie. Kiedy żona miała nastrój do seksu, wywieszała flagę. Kiedy jej mąż wracał do domu, widząc flagę, wiedział, że żona jest w odpowiednim nastroju. Wtedy spieszył po swoją flagę i lasso, podczas gdy ona wskakiwała na konia i odjeżdżała. On dosiadał swego wierzchowca i ścigał ją, chwytał na lasso, ściągał ją z konia i zmagał się z nią. Potem odbywali stosunek. Ten rytuał rodził namiętny seks. Z pośrednim, ale jasno wyrażonym przyzwoleniem żony, on ścigał ją i chwytał. Choć ona oczywiście kontrolowała sytuację, mogła czuć, że jest ścigana, i w końcu ulec namiętności i seksualnej ekstazie.

Lokalizacja erotyczna

Nawet to, gdzie kobieta się rozbiera przed pójściem do łóżka, może być bardzo wyraźnym sygnałem. Jeśli rozbiera się dyskretnie przy szafie, na ogół nie ma nastroju. Jeśli jednak kładzie swój nocny strój na łóżku po stronie partnera i rozbiera się też po jego stronie, tak by ją dokładnie widział, może to być zdecydowany znak, że ma nastrój.

Kiedy kobieta rozbiera się na oczach partnera z myślą o seksie, może wywołać jego reakcję, a może jej nie wywołać. Jeśli mężczyzna nie ma nastroju, kobieta, nie pytając go o to ani nie okazując frustracji czy niezadowolenia w jakikolwiek sposób, przygotowuje go do tego, by się pobudził następnym razem.

Jeśli mężczyzna jest zmęczony, zamiast powiedzieć: „Nie jestem w nastroju" (co dla wielu mężczyzn może być przykre), może tylko wtulić głowę w poduszkę i wzdychając, powiedzieć: „Och, jak dobrze już być w łóżku. Jestem wykończony". Daje tym wyraźny znak, że nie ma nastroju do seksu. Oszczędza kobiecie goryczy odprawy, a sobie — konieczności powiedzenia jej, że nie ma ochoty na seks. A on nie życzy sobie, by zasypała go serią dociekliwych pytań.

Pytania, które zrażają

Zadanie mężczyźnie serii pytań, dlaczego nie ma nastroju do seksu, nie tylko bezpośrednio go zraża, ale także może przeszkodzić mu, by następnym razem miał nastrój. Oto niektóre kwestie, których nie należy wypowiadać, jeśli mężczyzna nie reaguje na seksualne sygnały:

- Co się stało?
- Czy już nie chcesz się ze mną kochać?
- Zawsze miałeś ochotę na seks.
- Czy myślisz, że robię się gruba?
- Czy jeszcze ci się podobam?
- Czy już cię nie podniecam?
- Czy jeszcze mnie kochasz?
- Może powinniśmy o tym porozmawiać?
- Może potrzebna nam jest jakaś pomoc?
- Czy jeszcze kiedykolwiek będziemy się kochać?
- Tak patrzyłeś dziś wieczorem na inne kobiety. Czy już nie chcesz być ze mną?
- Wolałbyś być z inną?
- Czy ja cię czymś zraziłam?
- Dlaczego nie chcesz seksu?
- O co chodzi, czy coś się stało?

Oczywiście, o innej porze kobieta może zadać te pytania, ale z pewnością nie są one wskazane wtedy, gdy ona właśnie się rozebrała na jego oczach, a on jest zmęczony i odwraca się od niej. W tym najbardziej krytycznym momencie kobieta powinna raczej zareagować tak, jakby nic się nie stało. To nie jest pora na to, by szukała u niego zapewnień o miłości. Kobieta może z powodzeniem, drogą pośrednią, podtrzymać sygnał, że partner będzie mile widziany, jak tylko będzie miał odpowiedni nastrój.

Jeśli mężczyzna nie ma nastroju, kobieta może iść do łóżka, wiedząc, że wkrótce będą uprawiać seks. Jeśli jednak ona ma wyjątkową ochotę na seks, może po prostu się masturbować. Bardzo istotne jest to, by mężczyzna wspierał u kobiety potrzebę masturbacji, żeby nie czuła się pozbawiona przeżycia orgazmu, jeśli jej ciało akurat go pragnie, a partner nie ma nastroju.

To wzajemne zrozumienie działa cuda. Jeśli mężczyzna wie, że jego włączenie się w każdym momencie będzie mile widziane albo że po prostu może zasnąć, będzie skłonny poczekać, aż ona zbliży się do orgazmu, by wtedy się do niej przyłączyć. Ta metoda się sprawdza, bo nie wywiera żadnej presji.

Mężczyzna może zapewnić partnerkę, że jemu to odpowiada, jeśli ona obudzi go po to, by mógł się przyłączyć tuż przed jej orgazmem.

Kiedy mężczyźni przestają inicjować seks

Jedna z głównych przyczyn zaniku współżycia seksualnego w związku polega albo na tym, że mężczyzna przestaje inicjować seks, albo na tym, że kobieta za często inicjuje seks. Kiedy kobieta jest jedynym inicjatorem, nie dość że stopniowo robi się sfrustrowana, ale po jakimś czasie mężczyznę przestaje interesować współżycie z nią.

Na ogół kobiety nie rozumieją, że jeśli przejawiają więcej inicjatywy niż mężczyzna, w efekcie on staje się bierny. Pewna doza energii jest wskazana, by mu dać sygnał, kiedy jest odpowiednia pora, by działał, ale kiedy wszystko jest w jej gestii, on traci zainteresowanie i nawet nie wie dlaczego.

Kiedy kobieta czuje się zobowiązana do inicjowania współżycia, mężczyzna zaczyna odczuwać coraz mniejszą motywację. Kiedy partnerka przejawia swój maskulinizm, on „przesuwa się" ku pierwiastkowi biernego feminizmu. Wskutek tej nierównowagi powoli następuje erozja namiętności w małżeństwie.

Przeważnie mężczyzna w ogóle nie wie, gdzie się podziały jego namiętne uczucia dla partnerki, i może nawet błędnie zakładać, że ona już go nie pociąga. Kiedy kobieta inicjuje seks metodą pośrednią, partner może odnaleźć swój maskulinizm, a wraz z nim pożądanie i chęć do nakłaniania partnerki do seksu.

Kiedy kobieta inicjuje seks metodą pośrednią,
partner może odnaleźć swój maskulinizm,
a wraz z nim pożądanie i chęć do nakłaniania
partnerki do seksu.

Większość mężczyzn nie ma pojęcia, że zbytnia apodyktyczność i nadmiar seksualnej inicjatywy ze strony kobiety może ich zrażać. Niektórym mężczyznom początkowo bardzo odpowiada rzutkość partnerki, ale później nie mogą zrozumieć, dlaczego ona ich już nie pociąga albo dlaczego nagle inne kobiety wydają się im atrakcyjniejsze. Początkowo może mu odpowiadać seksualnie rzutka kobieta, bo czuje ulgę, że nie musi ryzykować odtrącenia, ale z czasem jego namiętność osłabnie.

Kobiety skarżą się, bo nie chcą zawsze inicjować seksu. Sugeruję im, żeby zamiast same inicjować współżycie, koncentrowały się raczej na zasygnalizowaniu mężczyźnie, że może bez obaw inicjować seks.

Zamiast sama inicjować współżycie, kobieta może koncentrować się na zasygnalizowaniu mężczyźnie, że może bez obaw inicjować seks.

Nie ma problemu, jeśli kobieta inicjuje seks raz po raz. Problem powstaje dopiero wtedy, gdy kobieta inicjuje seks raz za razem. Jej partner będzie coraz rzadziej inicjował współżycie i z czasem straci zainteresowanie nim.

Gdy kobiety nie są zainteresowane seksem

Mężczyzna czuje się zniechęcony, kiedy ma poczucie, że żona zdaje się nie przywiązywać do seksu tak wielkiej wagi jak on. Bez wielu wyraźnych wskazówek z jej strony, świadczących o tym, że seks sprawia jej przyjemność, mężczyzna może stracić pociąg do niej. Nagle obce kobiety, takie, które go dotąd nie odtrąciły, stają się dla niego bardziej atrakcyjne.

Historycznie biorąc, mężczyźni są znacznie bardziej aktywni seksualnie poza małżeństwem niż kobiety. Bez wzajemnego porozumienia i romantycznych umiejętności partnerzy w stałym związku w znacznym stopniu tracą zainteresowanie sobą. Podczas gdy kobiety szukają spełnienia w swych fantazjach, mężczyźni realizują swe fantazje, mając romanse.

Dawniej kobiety łatwiej rezygnowały z potrzeb seksualnych na rzecz rutynowych obowiązków domowych i rodzinnych. Przetrwanie rodziny było dla kobiety ważniejsze niż spełnienie jej namiętności seksualnych. Spełnienie seksualne było luksusem, na który kobiety nie mogły sobie pozwolić. Mężczyźni radzili sobie z zanikającym zainteresowaniem seksem u partnerki, dyskretnie szukając seksu gdzie indziej.

Niestety, jak tylko mężczyzna skieruje swoją energię gdzie indziej, jego partnerce jest o wiele trudniej skierować ku niemu swe namiętności seksualne. W rezultacie rodzina ocaleje, ale romantyzm przepadnie.

> Mężczyźni angażują się w romanse przede wszystkim dlatego, że nie rozumieją, iż są w stanie ponownie obudzić seksualizm partnerki.

Mężczyźni angażują się w romanse przede wszystkim dlatego, że nie rozumieją, iż są w stanie ponownie obudzić seksualizm partnerki. Nie znali tych tajemnic sztuki miłosnej, które teraz możemy zastosować. Dzięki głębszemu zrozumieniu płci przeciwnej możemy dziś na nowo wzniecić płomień namiętności, nawet jeśli został wcześniej zdmuchnięty. W następnym rozdziale przekonamy się, jak ożywić namiętność w związku.

ROZDZIAŁ ÓSMY

JAK NA NOWO OŻYWIĆ NAMIĘTNOŚĆ

Wielekroć bywa tak, że partnerzy czują seksualny pociąg do siebie podczas dnia, gdy są z dala jedno od drugiego, natomiast kiedy wracają do domu, to uczucie zanika. Na przykład mąż w pracy może tęsknić do żony i czuć się pobudzony, ale kiedy wraca do domu, pociąg przepada. Kobieta może czuć, że potrzebuje więcej romantyzmu, ale kiedy wróci do domu, to uczucie przemija.

Taka sytuacja może wynikać z wielu różnych powodów. Może po prostu chodzić o to, że obowiązki domowe — prowadzenie domu i zajmowanie się dziećmi — przesłaniają romantyczne uczucia. Także rutyna może osłabiać namiętność.

Może być i tak, że jakieś mało znaczące sprawy zostały nie wyjaśnione po nieprzyjemnej rozmowie albo kłótni. Zasadniczo spór mógł zostać zażegnany, ale nie do końca. O nieporozumieniu łatwo zapomina się poza domem, lecz w domu ta kwestia powraca i nagle wzajemny pociąg zanika. Kiedy chcecie na nowo ożywić namiętność w waszym związku, miłość okazywana sobie w łóżku może „zmyć" te małe plamy i „wygładzić" ostre krawędzie.

Choć generalnie najpierw pojawia się więź uczuciowa, a dopiero potem można zaznawać radości seksu, czasem czułe zbliżenie seksualne przynosi radykalną poprawę w związku. Otwartość kobiety na uprawianie seksu może „otworzyć" miłość mężczyzny. Czasami, nawet jeśli kobieta czuje chłód, odbycie stosunku z partnerem i odczucie jego miłości, okazywanej jej poprzez seks, może kobietę ponownie „otworzyć".

Choć generalnie najpierw pojawia się więź uczuciowa, a dopiero potem można zaznawać radości seksu, czasem czułe zbliżenie seksualne przynosi radykalną poprawę w związku.

Bywa, że partnerzy zatracili nawyk regularnego współżycia. Poza domem swobodnie odczuwają swoje pragnienia seksualne, lecz w domu przytłacza ich rutyna. Kiedy seks zejdzie na dalszy plan, bez skorzystania z arkanów sztuki miłosnej trudno go stamtąd sprowadzić. Ze świadomością potrzebnych umiejętności, nawet jeśli namiętność przeminęła, na ogół bardzo łatwo ją na nowo ożywić.

Romantyczne eskapady

Jeden z najprostszych i najsilniej przemawiających sposobów ożywienia namiętności polega na wyruszeniu z domu na romantyczną eskapadę. Spędźcie noc w hotelu. Zaaranżujcie zmianę scenerii. Uwolnijcie się od rutyny i tego, co znajome. Na jakiś czas porzućcie wszelkie obowiązki domowe. Im piękniejsze będzie nowe otoczenie, tym lepiej.

Spróbujcie zrobić taki wypad co najmniej raz na miesiąc. Jeśli nie możecie pojechać do jakiejś miejscowości wypoczynkowej albo do sąsiedniego miasteczka, udajcie się do najbliższego hotelu. Czasami poskutkuje sama tylko zmiana łóżka.

Zmiana otoczenia szczególnie potrzebna jest kobiecie, by się mogła rozbudzić. Taka zmiana uwalnia ją od poczucia odpowiedzialności za rodzinę i dom. Kiedy otoczenie jest piękne, w kobiecie budzi się jej wewnętrzne piękno.

Zmiana otoczenia szczególnie potrzebna jest kobiecie, by się mogła rozbudzić.

Kiedy udać się na eskapadę

Przeważnie mężczyzna robi błąd, czekając z zaplanowaniem krótkiej eskapady na wyraźny sygnał ze strony partnerki. To jest wielki błąd. Taka eskapada pomaga kobiecie uzyskać odpowiedni nastrój. Jeśli mężczyzna czeka, by partnerka poczuła się seksownie, może czekać w nieskończoność, a sprawy się jeszcze pogorszą.

Jeśli przez długi czas kobieta nigdzie nie wyjeżdża i nie czuje się swobodna, romantyczna i seksowna, zapewne będzie w coraz gorszym nastroju. Aby rozpalić na nowo swą namiętność i czuć się kochaną, kobieta musi uciec od codziennych obowiązków i rutyny. Już samo wyznaczenie terminu eskapady może u niej wyzwolić romantyczne uczucia.

Mężczyzna powinien pamiętać, że czasami, zanim kobieta poczuje się romantycznie, potrzebuje rozmowy. Jeśli mają przed sobą długą jazdę do miejscowości wypoczynkowej, partnerka może mówić przez całą drogę. Kobiety mają szczególną potrzebę mówienia po to, by uwolnić się od stresów.

Kiedy po takiej długiej jeździe, podczas której kobieta może „odparować", przybędą na miejsce, w nowej sypialni ona pojawi się prawdopodobnie we wspaniałym nastroju. Nagle wyłania się całkiem nowe doznanie, które nie mogło ujawnić się w domu. Ona może mieć ochotę na seks od razu, może też chcieć iść na spacer albo do restauracji. Lecz kiedy będzie widziała, że ktoś się o nią troszczy, przestanie czuć, że musi troszczyć się o innych. Tym sposobem budzi się w niej namiętność.

Inny sposób, pomagający kobiecie się odprężyć, to wspólne zakupy, jeśli sprawiają jej przyjemność. Dla mężczyzn może to być ogromnie męczące, ale dziś w większości sklepów z damską odzieżą są krzesła. On może sobie usiąść, podczas gdy ona przymierza kreacje. Już samo „penetrowanie" sklepu i spokojna refleksja nad tym, co jej się podoba i czego chce, pomaga kobiecie uwolnić się od troski o innych i odczuć własne potrzeby. Nawet jeśli niczego nie kupi, i tak będzie zadowolona.

Kobieta bezpośrednio korzysta z procesu poznawania tego, na co ma ochotę. To pomaga jej zrozumieć własne upodobania, pragnienia oraz żądze i przygotowuje ją do przeżywania intensywnej namiętności i pożądania seksualnego. Spacer po sklepach może dopełnić radość „wyrwania" się z domu.

Jeśli kobieta dobrze się bawi i docenia to wszystko, mężczyzna prawdopodobnie również z łatwością się pobudzi. Kiedy nowe otoczenie sprawia jej przyjemność, emocjonalnie partner przypisuje sobie zasługę szczęścia partnerki. Takie poczucie sukcesu może wywołać u mężczyzny pobudzenie. Uciekając w ten sposób od problemów, oboje mogą cieszyć się sobą.

Choć spontaniczne eskapady mogą ożywić ducha romantyzmu, częstokroć jesteśmy po prostu zbyt zajęci albo zbyt przytłoczeni odpowiedzialnością za innych, żeby bez przeszkód „wyrwać się" z domu. Kiedy jednak zaplanujemy wypad, kobiecie łatwiej jest zachować pożądanie seksualne. Ta cząstka w niej może z radością czekać, bo na pewno zostanie spełniona.

Pisanie erotycznych listów

Inna tajemnica, jak przywrócić uczucia seksualne, polega na pisaniu erotycznych listów do partnera. Jeśli stwierdzisz, że będąc z dala od niego, podniecasz się, będąc zaś w domu nie, poćwicz notowanie własnych uczuć seksualnych wtedy, kiedy one się pojawiają. Jak już wspominałem, stresy domowe mogą łatwo przesłonić i osłabić uczucia seksualne. One mogą być w nas, ale trzeba im trochę pomóc, by się ujawniły.

Kiedy jesteś daleko od partnerki, wczuj się w nastrój swej ekscytacji i wyobraź sobie romantyczną scenę, w której z partnerką „odgrywasz" te uczucia seksualne. W liście do niej napisz, co chcesz zrobić, następnie opisz tę scenę i swe doznania, tak jakby to się działo naprawdę. Oto przykład listu męża do żony.

Kochana ———

Bardzo do Ciebie tęsknię. Czuję się ogromnie podniecony i nie mogę się doczekać, żeby Cię mieć przy sobie i pieścić. Uwielbiam dotykać Twojego pięknego, nagiego ciała. Twoje ponętne krągłości i piękne piersi doprowadzają mnie do szału. Uwielbiam ssać Twoje wzwiedzione brodawki.

Teraz wyobrażam sobie, że trzymam Cię w ramionach. Czuję ciepłą miękkość twego ciała, wtulonego w moje. Uwielbiam Ciebie mocno przytulać. Wdycham Twój słodki zapach, a moja miłość do Ciebie rośnie. Całuję Twoje słodkie usta i czuję dreszcz na całym ciele. Całujemy się coraz mocniej, a Ty rozchylasz dla mnie swe wargi. Mój język wnika w Twoje usta, a ich wilgoć podnieca mnie jeszcze bardziej.

Kładę dłonie na Twojej głowie i głaszczę Twoje piękne włosy. Uwielbiam odkrywać Twoje ciało moimi palcami, widząc, jaka się robisz namiętna. Uwielbiam to, kiedy twoje palce wodzą po moim ciele. Wiem, że tak jak każdy Twój dotyk daje mi wielką rozkosz, tak samo Ciebie cieszą pieszczoty moich palców.

Uwielbiam zdejmować stanik i czuć miękkość Twych piersi i twardość Twoich brodawek. Wiem, że pragniesz mnie tak, jak ja pragnę Ciebie. Daję ci w zamian moją miłość. Nie pragnę niczego, tylko Ciebie. Ogarnia mnie namiętność, żeby się z Tobą połączyć, być blisko ciebie, wejść w Twoją ciepłą i wilgotną pochwę.

Kiedy moje palce pierwszy raz dotykają Twojej wilgotnej pochwy, przez moje ciało przepływa fala podniecenia. Powoli i rytmicznie zaczynam koliście krążyć, aż w końcu delikatnie pocieram Twoją łechtaczkę. W narastającym tempie, kiedy Ty zaczynasz dyszeć, ja przyspieszam i mocniej naciskam.

Czuję, że głębiej sięgasz po mnie, i tęsknię do tego, by się z Tobą głębiej połączyć. Dotykam Cię wszędzie, a potem słyszę, że masz odmieniony oddech i słodko odpowiadasz mi westchnie-

niami. Mój penis, twardy i w pełnej erekcji, tęskniący do tego, by wreszcie w Ciebie wejść, zaznaje ulgi. Jaki to niebiański czar — móc wejść w Twoją świętą dziurkę; jaka miłość napełnia moje serce, jaka we mnie rośnie namiętność! Zaczynam niespieszne, głębsze suwy.

Czas się zatrzymał. Wreszcie jesteśmy zespoleni. Kiedy delikatnie pcham i napełniam Cię, słyszę Twój głośny krzyk i czuję, jak poddajesz się mojej obecności. Nadal suwam w tę i z powrotem, w tę i z powrotem, a mój penis robi się coraz twardszy. Każdy suw do środka koi najdelikatniej moją duszę. Czuję się, jakbym miał eksplodować, aż nagle moje napięcie zostaje rozładowane, a Ty słodko jęczysz z rozkoszy.

Unoszą nas uczucia miłości, rozkoszy i ekstazy. Cała moja miłość trafia do Ciebie, kiedy zaczynasz szczytować. Twoje dyszenie i jęki rozkoszy sięgają zenitu, a we mnie eksploduje grzmotem rozkosz orgazmu podczas wytrysku w Twoim ciele. Kiedy zatapiamy się w błogim zespoleniu, wczepieni jedno w drugie, spleceni razem, odnajduję spokój. Moje życie zaznaje spokoju i ponownie czuję pełnię. Dziękuję Bogu za Ciebie i za ten szczególny dar kochania i bycia kochanym.

Kiedy leżymy razem, delikatnie głaszczę Twoje włosy. Patrzę w Twoje piękne oczy i mówię: „Było cudownie", a Ty słodko się do mnie uśmiechasz. Jeszcze raz przypomina mi to, jaki jestem szczęśliwy.

Kocham cię na zawsze
(napisz swoje imię)

Kiedy nie masz talentu do pióra

Wiele osób nie ma talentu pisarskiego i wyrażanie delikatnych doznań może być dla nich trudne. Nie znaczy to, że doznania nie istnieją — znaczy to tylko, że nie masz daru ujmowania ich w słowa. A szczególnie kobiety uwielbiają takie słowa. To jest jeden z powodów, dlaczego wydają miliardy dolarów na romanse.

Mężczyzna, któremu trudno ubrać własną namiętność w słowa, może kupić okolicznościową kartę z poetyckim tekstem wyrażającym jego uczucia. Absolutnie normalne jest to, że doznajemy uczuć miłosnych, których nie potrafimy wyartykułować i należycie oddać. Wybranie odpowiedniej karty, która je wyraża, jest równie dobre jak napisanie tych słów samemu.

Wybranie odpowiedniej karty, która wyraża nasze uczucia, jest równie dobre jak napisanie tych słów samemu.

Ta sama zasada odnosi się do listów erotycznych. Swobodnie zapożyczaj słowa i zwroty z zamieszczonego wyżej listu albo z romansów, aby się wypowiedzieć. Ważniejsze jest uchwycenie twoich uczuć i oddanie ich słowami niż bycie oryginalnym.

Po napisaniu listu erotycznego powiedz partnerce, że masz dla niej specjalny list. Zaplanuj odpowiedni moment — co najmniej czterdzieści pięć minut bez przeszkód — tak, abyś ty mógł przeczytać list albo mogła go przeczytać twoja partnerka (na głos albo po cichu). Niemal automatycznie uczucia powrócą podczas lektury i będziecie mogli się cieszyć znowu udanym seksem.

Ta technika wielekroć pomagała mojej żonie i mnie, aby odżyły nasze wzajemne uczucia seksualne. Nie uświadamiałem sobie, jakie to było ważne dla Bonnie, dopóki kiedyś nie wyjawiła mi, że przechowuje te listy szczególnie pieczołowicie, a kiedy nie czuje się kochana przeze mnie, wyjmuje je i ponownie czyta.

Listy erotyczne nie tylko są dobre dla „rozruszania" seksu, ale mogą także pomóc partnerom zrozumieć, co czują podczas współżycia. Bez takich listów Bonnie nigdy nie poznałaby głębi mojej namiętności podczas udanego seksu.

Seks przez telefon

Jeśli para jest fizycznie rozdzielona, bo jedno z nich przebywa w podróży służbowej, albo jeśli dwoje ludzi utrzymuje związek „na odległość", mogą się roznamiętnić i pragnąć masturbacji. Pokój hotelowy czy pusta sypialnia wzmagają samotność, kiedy pojawią się silne uczucia seksualne. Zamiast zwyczajnie uwolnić napięcie seksualne przez masturbację, czy nie lepiej zadzwonić do partnerki i odbyć seks przez telefon?

To jest podobne do pisania listu erotycznego. Najpierw powiedz partnerce, jak bardzo jesteś podniecony i jak bardzo żałujesz, że jej nie ma przy tobie. Poproś partnerkę, by się intymnie dotykała, z zamkniętymi oczami, tak jakbyś to ty jej dotykał. Kiedy ty dotykasz siebie, wyobrażaj sobie, że to partnerka cię dotyka. Na przemian mówcie o tym, co robicie i jakie są wasze reakcje. Raz po raz opisujcie, co czujecie i co sobie wyobrażacie: co partnerka robi tobie albo co ty robisz partnerce.

W efekcie para może dojść do wyobrażenia stosunku i za pomocą odrobiny środka zwilżającego (doskonale nadaje się płyn do rąk, zawsze dostępny w hotelach) mogą się razem masturbować i oboje mieć orgazm.

Choć to nie to samo co wspaniały seks, jest zdecydowanie mu bliższy. Upewnij się tylko, czy nie rozmawiacie przez telefon komórkowy, który może być słyszalny w radiu. To jest wasza prywatna sprawa, a nie sąsiadów!

W środku nocy

Połączenie udanego i szybkiego seksu nadaje się na środek nocy. Dla mężczyzny to jest fantastyczne doznanie, kiedy żona budzi go w środku nocy, przywierając do jego nogi ciepłym i wilgotnym sromem, a nagimi piersiami do jego torsu.

Kobieta, odczuwając nastrój do seksu, może przeznaczyć dwadzieścia do trzydziestu minut na dotykanie siebie i masturbowanie niemal do samego orgazmu, a potem przesunąć się na jego stronę łóżka i położyć na mężu. On przekona się, że to wyjątkowo cudowny rodzaj przebudzenia.

Ponieważ mężczyzna potrzebuje do pobudzenia tylko kilku minut, ona zaś pobudzała się już od dwudziestu minut, oboje uzyskają orgazm. Jednak jeśli mężczyzna zapragnie seksu z partnerką w środku nocy, to nie jest to samo, ponieważ ona nie budzi się gotowa na seks po kilku minutach.

Mimo to dla mężczyzny jest to niewiarygodnie wyzwalające doświadczenie, kiedy czuje, że czasami może po prostu „wyciągnąć rękę" po seks. Ten rodzaj wolności jest cudowny, ale najpierw muszą być spełnione pewne warunki: otwartość na regularny seks i regularne, czułe komunikowanie się partnerów, zanim spróbują tej techniki.

Mężczyzna musi ją wcześniej zapytać, czy godzi się na takie przebudzenie. Ona może tego nie chcieć, chyba że są na wakacjach albo jest bardzo wypoczęta, albo może dłużej pospać.

Nawet jeśli uzyska jej zgodę, kiedy mężczyzna budzi partnerkę, musi być mniej aktywny niż gdyby to ona budziła jego. Jeśli on jest rozpalony w nocy, może zacząć przysuwać się do żony, delikatnie jej dotykając, obejmując i ocierając się o nią. Jeśli ona „otwiera się" na niego, wówczas wszystko jest w porządku, ale ona musi mieć poczucie, że wszystko też będzie w porządku, jeśli powie: „Dziś nie".

Jeśli mężczyzna umie wysłuchać tego „Dziś nie" bez poczucia, że został odtrącony, partnerka może to powiedzieć bez obaw. Jeśli ona nie czuje, że może bez obaw powiedzieć „nie", automatycznie traci możność, by innym razem powiedzieć „tak". Nic bardziej nie osłabia pociągu seksualnego niż uprawianie seksu wtedy, kiedy się nie ma na to ochoty.

Jeśli kobieta nie czuje, że może bez obaw powiedzieć „nie", automatycznie traci możność, by innym razem powiedzieć „tak".

Szanując swe indywidualne potrzeby seksualne, oboje partnerzy mogą dawać i uzyskiwać potrzebne im wsparcie. W następnym rozdziale poznamy takie podejście do seksu, które zapewnia, iż oboje partnerzy są zawsze zaspokojeni.

ROZDZIAŁ DZIEWIĄTY

MAGNETYZM SEKSU

Inny sekret udanego seksu i utrzymywania ożywionej namiętności polega na zrozumieniu naszej biegunowości seksualnej i konieczności pracy nad nią. Jak ujemny biegun magnesu silnie przyciąga dodatni biegun innego magnesu, tak samo my, poprzez naszą przeciwną biegunowość seksualną, możemy powiększyć wzajemny pociąg, pragnienia i rozkosz.

Istnieją dwa bieguny seksu: dawanie rozkoszy i otrzymywanie rozkoszy. Kiedy jedno z partnerów daje, a drugie otrzymuje, rośnie rozkosz seksualna. W seksie dwubiegunowym partnerzy po kolei korzystają z tego spolaryzowania, aby powiększyć pożądanie i rozkosz. Jedno daje, podczas gdy drugie bierze. Następnie zamieniają się — dawca przestaje dawać i tylko przyjmuje.

Seks dwubiegunowy ma dwa etapy. Na pierwszym etapie mężczyzna bierze, a kobieta daje. Następnie, na drugim etapie, mężczyzna zajmuje się potrzebami kobiety, podczas gdy ona się odpręża i skupia na otrzymywaniu.

Podczas ćwiczenia pierwszego etapu seksu dwubiegunowego mężczyzna zaczyna od otrzymywania. Jego główną troską nie jest przeznaczanie dłuższego czasu na zapewnienie rozkoszy partnerce. Oczywiście, on chce, by dla niej było to miłe, ale w istocie koncentruje się na własnej przyjemności. Ona natomiast nie oczekuje, że zostanie od razu pobudzona i dotrzyma mu kroku.

W drugim etapie ona z kolei otrzymuje, podczas gdy on koncentruje się na dawaniu. Ona przestała dawać i teraz może już tylko przyjmować. W efekcie oboje uzyskują wszystko to, czego pragną.

Rozwój koncepcji seksu dwubiegunowego

Do opracowania koncepcji seksu dwubiegunowego przystąpiłem dlatego, bo wiedziałem, że mężczyzna nie zawsze chce przeznaczać dłuższy czas na grę wstępną, jaka może być potrzebna partnerce do uzyskania orgazmu. Nie chodzi o to, że jego nie interesuje jej przyjemność, tylko o to, że jego ciało pragnie iść dalej, przejść do stosunku, a następnie do orgazmu. Ów czas niezbędny na grę wstępną niejednokrotnie stanowi duży problem.

Seks bez potrzebnej kobiecie gry wstępnej wręcz potęguje niechęć z jej strony. Z kolei mężczyznę czekanie na nią może frustrować. Po własnym orgazmie już nie będzie miał sił fizycznych, a partnerka dostanie ledwie cząstkę tego, czego potrzebuje. Po jakimś czasie mężczyzna przestanie mieć ochotę na seks, bo nie chce przeznaczać aż tyle czasu na grę wstępną. Nieraz mężczyzna jest zmęczony po całym dniu i nie ma cierpliwości. Myśl o tym, że musi angażować się w grę wstępną, może go zrażać.

Na podobnej zasadzie wielekroć kobieta nie ma chęci na seks, bo nie chce, żeby partner się sfrustrował, próbując ją szybko zadowolić. Aby myśl o seksie była przyjemną perspektywą, kobieta powinna czuć, że nie musi się od razu pobudzić. Ona nie zawsze wie, jak długo to potrwa ani czy w ogóle tym razem nastąpi.

Aby myśl o seksie była przyjemną perspektywą, kobieta powinna czuć, że nie musi się od razu pobudzić. Seks dwubiegunowy stanowi wyjście z tej sytuacji.

Seks dwubiegunowy stanowi wyjście z tej sytuacji i, jak się przekonamy, ma wiele innych zalet. Zamiast sfrustrowany czekać, aż wzrośnie rozkosz seksualna partnerki, mężczyzna może na początku myśleć o sobie i robić to, co jego pobudza.

Następnie, tuż przed orgazmem, powinien przerwać i zacząć od nowa, aby zapewnić partnerce grę wstępną, niezbędną dla wzmożenia jej pożądania. Potem, po zapewnieniu jej orgazmu, łatwo uzyska swój.

Praktykowanie seksu dwubiegunowego

Seks dwubiegunowy często zaczyna się od tego, że mężczyzna czuje się pobudzony i jest aktywny. Pragnie rozładować swe napięcie seksualne, kobietę zaś satysfakcjonuje samo jego pobudzenie. Mężczyzna może ukochaną objąć, pocałować, dotykać, głaskać, rozebrać, stając się dzięki niej coraz bardziej namiętny. Kobieta może tylko leżeć, zadowolona, że jest dla niego godna pożądania, może też zacząć go dotykać tak, żeby go to podniecało.

Kobieta nie ma poczucia, że musi dorównać do poziomu podniecenia partnera. Zamiast tego po prostu wspomaga go w jego ekscytacji. Kobieta może aktywnie go stymulować: dotykać, przytulać, głaskać, ściskać i pocierać jego penis; może także przystąpić do seksu oralnego. Wszystko po to, by wzrosło podniecenie seksualne mężczyzny. W bardzo oczywisty sposób on otrzymuje i przyjmuje rozkosz, a ona mu ją daje.

Po mniej więcej pięciu minutach, kiedy jego ekscytacja sięga szczytu i mężczyzna czuje zbliżający się orgazm, sygnalizuje jej, by przestała go stymulować. Może to zrobić np. wydając głośne „oooochhh" albo biorąc głęboki wdech, rozluźniając się na wydechu, a następnie delikatnie odsunąć się i zmienić pozycję.

Aby zasygnalizować swą gotowość do zmiany biegunów, mężczyzna może po prostu odsunąć dłonie partnerki. Dodatkowo może też delikatnie przesunąć się na drugą stronę łóżka.

Każdy z tych sygnałów wyraźnie mówi jej, że teraz on jest gotów odwzajemnić całą rozkosz, jaką ona mu dała. Partnerka może się odprężyć i skoncentrować na swym ciele i własnej rozkoszy, podczas gdy on powoli zaczyna pobudzać jej ciało. Choć jemu wystarczyłyby dwie, trzy minuty stymulacji do uzyskania orgazmu, musi pamiętać, że ona potrzebuje od dwudziestu do trzydziestu minut.

Choć mężczyźnie wystarczyłyby dwie, trzy minuty stymulacji do uzyskania orgazmu, musi pamiętać, że kobieta potrzebuje od dwudziestu do trzydziestu minut.

Zmiana biegunów

Na początku mężczyzna może mieć trudności ze zmianą biegunowości przy przechodzeniu do etapu drugiego. Może być tak bardzo podniecony, że po prostu „pójdzie dalej". Zdarza się to szczególnie wtedy, kiedy partnerka zastosuje seks oralny albo kiedy odbywają stosunek w trakcie etapu pierwszego. Rozumiejąc, że partnerka chce, by on był pobudzony, kiedy ona będzie miała orgazm, mężczyzna może odnaleźć potrzebne mu opanowanie.

Rozumiejąc, że partnerka chce, by on był pobudzony, kiedy ona będzie miała orgazm, mężczyzna może odnaleźć potrzebne mu opanowanie.

Kobiety i mężczyźni inaczej przeżywają orgazm. Kobieta po orgazmie jest nadal pobudzona, a immisja może dać jej jeszcze więcej przyjemności. U kobiety po orgazmie poziom hormonów odpowiedzialnych za doznania rozkoszy pozostaje bardzo wysoki. Mężczyzna po orgazmie szybko traci podniecenie i erekcję. Kiedy on jest już p o, jest p o. Jego hormony odpowiedzialne za przeżywanie rozkoszy w znacznej mierze rozpraszają się i zanikają.

Jeśli mężczyzna szczytuje pierwszy, brakuje mu sił dla kobiety wtedy, gdy ona jest gotowa do orgazmu. Jeśli kobieta ma pierwsza orgazm, nie tylko pozostaje nadal seksualnie pobudzona, ale może intensywniej przeżywać orgazm partnera.

Synchronizacja orgazmów: damy pierwsze

Niejednokrotnie partnerzy starają się zgrać orgazm tak, by wystąpił jednocześnie u obojga. Tego rodzaju synchronizacja może w istocie doprowadzić do tego, że seks będzie dawał mniejsze zaspokojenie. Troska o to, kiedy będzie miała orgazm, bardzo rozprasza kobietę. Lepiej jest, jeśli ma poczucie swobody odkrywania, kiedy nadchodzi kulminacja, tak by nie musiała się przystosowywać i opanowywać. Tuż po jej orgazmie partner może od razu szczytować albo może trochę poczekać.

Kiedy mężczyzna i kobieta szczytują jednocześnie, oboje są tak zaabsorbowani własną intensywną rozkoszą, że partner chwilowo jest jakby nieobecny, intymna bliskość zaś nagle zanika.

Kiedy mężczyzna i kobieta szczytują jednocześnie, niejednokrotnie może im to dawać mniejsze zaspokojenie.

W jednej minucie kobieta cieszy się zainteresowaniem partnera, a w następnej ono całkiem zanika. Podobnie, kiedy mężczyzna doznaje rozkoszy własnego orgazmu, traci doznanie rozkoszy partnerki. Dopóki nagle nie nastąpi jego orgazm, mężczyzna w pełni przeżywa narastającą rozkosz partnerki. Kiedy następuje orgazm, zbyt mocno absorbuje go własne, intensywne doznanie rozkoszy, aby mógł czuć pełnię wszystkich przejawów rozkoszy partnerki i jej miłości dla niego.

Jeśli mężczyzna tak postąpi, żeby kobieta pierwsza mogła mieć orgazm, dzięki temu, iż on nadal panuje nad sytuacją, pomaga partnerce głębiej „się zapomnieć". Kiedy ona ma orgazm, on może być w pełni z nią i bez reszty cieszyć się jej rozkoszą. Następnie ona, już po orgazmie, swobodnie może przeżywać jego orgazm. To tak, jakby zamiast jednego mieli aż dwa orgazmy. Partnerzy przeżywają najpierw jej orgazm, a potem oboje przeżywają jego orgazm.

Jeśli mężczyzna ma orgazm pierwszy, kobieta, aby w pełni przeżyć jego rozkosz, odrywa się od stopniowo narastającej w niej kulminacji, a potem gdy ona ma orgazm, on nie jest w stanie w pełni tego odczuwać, bo już nie jest podniecony. Dzięki zastosowaniu się do ogólnych reguł seksu dwubiegunowego kobieta zawsze ma pewność, że będzie miała możliwość dojścia do orgazmu. Niekiedy nie będzie go miała, ale dzięki temu, że partner poświęcił jej tyle czasu, nie wymagając od niej czegokolwiek, jest całkiem zaspokojona.

Dzięki zastosowaniu się do ogólnych reguł seksu dwubiegunowego kobieta ma pewność, że będzie miała możliwość dojścia do orgazmu.

Dodatkowe zalety seksu dwubiegunowego

Dodatkowa korzyść z seksu dwubiegunowego polega na tym, że skoro mężczyzna uzyskał swoją dozę rozkoszy w fazie pierwszej, kiedy przychodzi kolej na kobietę, ona czuje się bardziej uprawniona do otrzymania swojej dawki rozkoszy. Bez tego dodatkowego poczucia własnych praw niektóre kobiety mają trudności z uzyskaniem orgazmu.

Szczególnie kobieta nastawiona na dawanie nie potrafi otrzymywać. W łóżku może być tak pochłonięta myślami o potrzebach partnera albo tak się o niego troszczyć, że nie umie skoncentrować się na własnych potrzebach. Taka skłonność może być nie uświadomiona. Kiedyś, gdy omawiałem tę kwestię podczas jednego z moich seminariów, pewna kobieta zawołała nagle, bardzo poruszona: „Nie do wiary... To jest to!" Wszyscy się zorientowali, że miała tego rodzaju doświadczenia i zastanawiała się, w czym rzecz.

Przerwałem wykład i spytałem ją, o co chodzi. Oto historia, którą opowiedziała:

„Właśnie uświadomiłam sobie, dlaczego miałam tylko jeden jedyny orgazm. Mam 42 lata i tylko raz przeżyłam orgazm z moim partnerem. Nigdy nie potrafiłam zrozumieć dlaczego, ale teraz wiem. Mniej więcej sześć lat temu partner miał ochotę na seks. Jednak ja się opierałam. Miałam poczucie, że w naszym związku ja dawałam z siebie o wiele więcej niż on. Kiedy nalegał, zdecydowałam się, ale postanowiłam, że nastawię się tylko na branie i bierne przyjmowanie jego pieszczot.

Podczas tamtego zbliżenia on robił wszystko dla mnie, a ja pierwszy raz w życiu nie robiłam nic a nic dla mojego partnera. Powiedziałam sobie, że on to robi dla mnie, i rzeczywiście było mi tak dobrze, jak nigdy w życiu. Teraz rozumiem, dlaczego miałam orgazm — nie byłam skoncentrowana na dawaniu rozkoszy jemu i mogłam skoncentrować się na sobie. To poskutkowało. Mimo że nic nie zrobiłam, by zadowolić partnera, on też był usatysfakcjonowany".

Jak wynika z tego przykładu, kiedy kobieta umie bez reszty otrzymywać, może naprawdę cieszyć się seksem. Seks dwubiegunowy pomaga jej otrzymywać, ponieważ po tym, jak w oczywisty sposób ona obdarza partnera, może w równie oczywisty sposób przestawić się na otrzymywanie. Dysponując wzajemnym zrozumieniem seksu dwubiegunowego i wyraźnym sygnałem, że zaczęła się druga faza, kobieta może się rozluźnić i cieszyć stopniowo narastającym spełnieniem seksualnym.

Gdy mężczyzna panuje nad sobą

Kiedy mężczyzna kontroluje swą rozkosz, tak by nie stała się zbyt wielka i by nie miał orgazmu przed partnerką, kobieta może czerpać jeszcze większą radość z seksu. Nie musi się martwić o tempo i spieszyć, żeby uzyskać orgazm, zanim partner będzie po kulminacji.

Im kobieta ma większą pewność, że mężczyzna panuje nad sobą i nie będzie szczytował przed nią, tym bardziej może się rozluźnić i „zapomnieć". To jest kolejna zaleta seksu dwubiegunowego. W fazie pierwszej mężczyzna doznaje rozkoszy, ale nie szczytuje. Następnie, w fazie drugiej, kobieta wie, że pozostały czas należy do niej. Może się rozluźnić, wiedząc, że partner będzie z nią.

Im kobieta ma większą pewność, że mężczyzna panuje nad sobą i nie będzie szczytował przed nią, tym bardziej może się rozluźnić i „zapomnieć".

Nieraz mężczyzna czuje przemożny popęd do tego, by mieć orgazm pierwszy, przed partnerką. Wtedy nie może pozwolić na to, by ona stymulowała jego penis. Musi się wycofać ze stymulacji i uspokoić. To uspokojenie może nastąpić w etapach.

Przede wszystkim mężczyzna musi odstąpić od stymulacji, zanim będzie za późno. Następnie może zacząć nasilać stymulację partnerki. Powiększenie jej rozkoszy do poziomu jego rozkoszy pomoże mu odzyskać panowanie nad sobą.

Czasami kobieta zdecydowanie pragnie, by mężczyzna dał jej orgazm, zanim wejdzie w nią. Oznacza to, że on robi się podniecony w fazie pierwszej, a następnie w fazie drugiej doprowadza partnerkę do orgazmu, po czym odbywają stosunek i on też może przeżyć orgazm. Kiedy mężczyzna wchodzi w nią po jej orgazmie, jest bardzo, ale to bardzo mile widziany.

Po orgazmie kobiety

Kiedy kobieta już miała orgazm, immisja może ją cieszyć najbardziej, ponieważ nie tylko jest bardziej otwarta na stymulację, ale także na większą radość z rozkoszy mężczyzny. Kobieta już się rozładowała i teraz może się skoncentrować na otrzymywaniu i miłości partnera. Dla niej to jest inny rodzaj stymulacji. Przed orgazmem kobieta przeżywa rosnącą przyjemność, a po orgazmie jest tak, jakby wspięła się na górę i na szczycie tańczyła z partnerem.

Ponadto, kiedy on daje jej orgazm od pobudzenia całego ciała i łechtaczki, pochwa się obkurcza i tęskni do tego, by ją wypełnił penis. Czy dla mężczyzny może być lepszy moment na immisję?

To satysfakcjonuje nie tylko kobietę, ale i mężczyznę, który może swobodnie wykonywać ruchy frykcyjne bez presji na „spisanie się". Mężczyzna może szczytować w ciągu minuty albo w ciągu dziesięciu minut, a kobieta i tak będzie zadowolona. Dla niej nie jest ważne, jak długo mężczyzna „wytrwa", jeśli najpierw ją zaspokoił. Czasami mężczyźni opacznie rozumieją potrzeby kobiety i błędnie zakładają, że dłużej znaczy lepiej. Na ogół stosunek dłuższy niż trzydzieści minut sprawia, że kobieta jest obolała, i może doprowadzić do infekcji pochwy.

Mężczyźni odczuwają wielką presję, by wytrwać, aż partnerka uzyska tyle stymulacji, ile potrzebuje. Praktykowanie seksu dwubiegunowego sprawia, że kobieta zawsze ma pewność, iż uzyska to, czego potrzebuje, zanim partner będzie szczytował.

Dla niej nie jest ważne, jak długo mężczyzna „wytrwa", jeśli najpierw ją zaspokoił.

Powiększanie rozkoszy kobiety

Mężczyzna skłonny jest myśleć w sposób zorientowany na osiągnięcie celu. Chce dostarczyć kobiecie jeszcze większej rozkoszy w możliwie najbardziej efektywny sposób. Kiedy ona zbliża się do orgazmu, on nadal ją stymuluje, aby przekroczyć punkt krytyczny i osiągnąć cel. Sekret zapewnienia kobiecie większej przyjemności polega na tym, by doprowadzić ją niemal do samego orgazmu, a następnie wycofać się, zwolnić tempo, osłabić stymulację, po czym rozpocząć od nowa.

Aby jak najskuteczniej pobudzić narastanie rozkoszy u kobiety, mężczyzna powinien doprowadzić ją tuż do orgazmu, a następnie pozwolić jej energii się ustabilizować, po czym ponownie ją wzmóc i znowu pozwolić jej się ustabilizować. Kiedy mężczyzna doprowadzi ją na skraj orgazmu dwu- lub trzykrotnie i ostatecznie da jej ten orgazm, będzie on znacznie intensywniejszy.

Za każdym razem, gdy kobieta zbliża się do orgazmu, coraz bardziej tęskni do niego i coraz bardziej go pragnie. Jej ciało zyskuje szansę, by w pełni się przygotować do kulminacji. Dzięki przedłużeniu gry wstępnej nie tylko kobieta przeżywa intensywniejszy orgazm, ale także orgazm mężczyzny jest znacznie intensywniejszy.

W seksie dwubiegunowym mężczyzna powinien najpierw gromadzić energię dla swego orgazmu. Następnie, kiedy robi przerwę i koncentruje się na partnerce, jego energia się rozpręży. Później, kiedy przyjdzie jego kolej na przeżycie orgazmu, rozkosz będzie o wiele większa dzięki temu, że odczekał.

Jeden ze sposobów sygnalizowania przez kobietę, że za chwilę będzie miała orgazm, polega na wypowiedzeniu słowa kodu: „Proszę". Słowo to ma dwa znaczenia: „Proszę, przestań, bo będę miała orgazm" oraz „Proszę, dajesz mi największą rozkosz". Kiedy mężczyzna odbierze taki sygnał, może postanowić dalej robić swoje i dać jej orgazm albo przerwać stymulację łechtaczki na okres od trzydziestu sekund do kilku minut, zanim znów zajmie się partnerką.

Kiedy mężczyzna robi pauzę, nie wszystko musi ustać. Może dalej bardzo erotycznie dotykać całego ciała partnerki, z wyjątkiem jej łechtaczki. To daje kobiecie szansę na pewne ustabilizowanie energii, zanim partner podniesie ją na wyższy poziom.

Powiększanie potencjału rozkoszy

Za każdym razem, kiedy pozwolimy energii się ustabilizować, zanim się ponownie podniesie, powiększamy zdolność naszego ciała do doznawania przyjemności. Przeprowadziłem kiedyś pewien eksperyment.

Jeden z moich przyjaciół prowadził klinikę walki z bólem. Ażeby zmniejszyć chroniczny ból u pacjenta, lekarz najpierw wbijał igłę w jego ciało w newralgicznym punkcie. Następnie przez tę igłę do ciała pacjenta przepływał prąd elektryczny. W ciągu godziny przepływ prądu zwiększano radykalnie. Zdumiewające było to, o ile większe natężenie prądu organizm był w stanie przyjąć, jeśli przepływ prądu zwiększano powoli. Choć mnie nie dokuczał chroniczny ból, chciałem się sam przekonać, co się czuje podczas takiej kuracji.

Wbito igłę w moje ramię i powoli zwiększano prąd, aż poczułem palący ból. W tym momencie dałem znak, że to za dużo, więc trochę zredukowano natężenie prądu, a następnie pozostawiono je na znośnym poziomie.

Po dziesięciu minutach przyszła pielęgniarka i przekręciła gałkę, od razu podwajając intensywność doznania. Poczułem różnicę, ale nic mnie nie piekło.

Ponieważ na początku przepływ prądu osiągnął maksimum mojej tolerancji, a następnie został trochę zredukowany i utrzymany w tym punkcie przez dziesięć minut, moje ciało miało czas, by się przystosować i „otworzyć" na większe natężenie prądu. Zaledwie w ciągu dziesięciu minut byłem w stanie przyjąć dwa razy silniejszy prąd. Zdumiało mnie to.

Po następnych dziesięciu minutach pielęgniarka przyszła ponownie i znowu zwiększyła przepływ prądu o tę samą wartość co pierwotnie. Po upływie zaledwie dwudziestu minut z łatwością tolerowałem przepływ trzy razy większy od wartości pierwotnej.

Co dziesięć minut, przez godzinę, zwiększano przepływ prądu. Po godzinie, bez wstrząsu czy bólu, byłem w stanie tolerować prąd o sześciokrotnie większym natężeniu od wartości wyjściowej. Powoli adaptując się do prądu, moje ciało mogło go przyjąć sześciokrotnie więcej. Moja reakcja była typowa.

Nazajutrz wróciłem do kliniki i zacząłem od tej samej wartości, od której zaczynałem poprzedniego dnia. Następnie postanowiłem zwiększyć prąd jeszcze bardziej i podwoiłem dawkę od razu, zamiast odczekać dziesięć minut. Skończyło się wstrząsem i poparzeniem. Sam na sobie dobitnie doświadczyłem, jaką zdolność przystosowawczą do tolerowania większego prądu ma nasz organizm, jeśli tylko dać mu czas.

Podobnie jest z seksem — jeśli przeznaczymy czas na narastanie energii, następnie się do niej przyzwyczaimy, po czym znowu ją powiększymy, nasza zdolność przeżywania rozkoszy radykalnie wzrośnie. Przez wzmaganie energii, a następnie pauzowanie, w istocie poszerzamy nasz potencjał rozkoszy tak, byśmy mogli przeżywać większą radość oraz intensywniejsze i bardziej zaspokajające orgazmy.

Przez wzmaganie energii, a następnie pauzowanie, w istocie poszerzamy nasz potencjał rozkoszy tak, byśmy mogli przeżywać większą radość oraz intensywniejsze i bardziej zaspokajające orgazmy.

Kiedy przeznaczymy dostatecznie dużo czasu na takie wielokrotne narastanie rozkoszy, będziemy mieć orgazm całego ciała. Jeśli tylko podniecimy się i będziemy zmierzać od razu ku szybkiemu orgazmowi, z reguły skupi się on bardziej w genitaliach i nie będzie tak potężny.

Seks jak zdrowe domowe jedzenie a seks jak wykwintna uczta

O ile partnerzy nie stosują „szybkiego" seksu, mężczyzna powinien „podprowadzić" partnerkę przynajmniej dwa do trzech razy, zanim da jej orgazm. To jest podstawa menu wspaniałego seksu i trwa około trzydziestu minut.

Na seks jak zdrowe domowe jedzenie potrzeba około trzydziestu minut. Pięć minut dla niego, dwadzieścia dla niej dla budowania orgazmu, a później, po jego szczytowaniu, pięć minut na radość odprężenia i leżenia przy sobie w miłości.

Dobrze jest wiedzieć, że seks może być satysfakcjonujący dla obojga partnerów w stosunkowo krótkim czasie. Jeśli zbliżenie trwa godzinami, w końcu namiętność zamiera. Zaczynamy kojarzyć seks z mnóstwem czasu, a wobec bardzo wielu zajęć nader trudno jest go znaleźć. Lecz nawet w obliczu wielu zajęć łatwo jest znaleźć pół godziny przynajmniej raz albo dwa razy w tygodniu.

Dla uzupełnienia seksu jak domowe jedzenie ważne jest, by stworzyć „okienko" prywatności, kiedy mamy przynajmniej dwie godziny, by nacieszyć się seksem jak wykwintna uczta. Podczas seksu wykwintnego partnerzy mogą na zmianę doprowadzać siebie do punktu orgazmu. Na przykład kobieta może zacząć od doprowadzania do kulminacji mężczyzny, po czym on doprowadza ją kilka razy, a następnie ponownie ona jego. Tak na zmianę mogą przedłużać grę wstępną, aż wreszcie partnerka już nie będzie mogła się powstrzymać.

Seks wykwintny nie tylko jest dla mężczyzny cudowny, ale także uczy go, jak kontrolować własną energię seksualną. Dla niego jest to nie tylko większa przyjemność, ale także nowe doświadczenie, jak zwalniać tempo i wybrać odpowiedni moment.

Po kilkakrotnym narastaniu kulminacji, „pilność" orgazmu słabnie i można zacząć rozkoszować się każdą chwilą, każdym smakiem, każdym zapachem, każdym oddechem, każdym cichym odgłosem, każdym doznaniem. Co więcej, można pełniej przeżywać przepływy prądu miłości do i od partnera. Jednak podczas seksu wykwintnego partnerzy przeznaczają więcej czasu na fazę pierwszą. Mężczyzna może kilka razy zbliżyć się do kulminacji. Potem przechodzą do fazy drugiej i kobieta będzie wielokrotnie bliska orgazmu. Następnie mogą wrócić do fazy pierwszej. Wreszcie gdy ich ciała stopniowo

„otwierają się" na przyjmowanie większego prądu seksualnego, partnerzy mogą się cieszyć jednoczesnym dawaniem i otrzymywaniem. Choć nie trzeba rygorystycznie stosować się do reguł seksu dwubiegunowego, jednak należy zadbać o to, by partnerka miała orgazm pierwsza.

Szybki seks

„Szybki seks" zajmuje mniej więcej trzy do pięciu minut. Zasadniczo obejmuje tylko fazę pierwszą seksu dwubiegunowego i służy wyłącznie przyjemności mężczyzny. Kobieta jest na ogół otwarta na sporadyczny akt szybkiego seksu, jeśli czuje emocjonalne oparcie w związku i wie, że przy innej okazji zazna seksu jak zdrowe domowe jedzenie, a od czasu do czasu także seksu jak wykwintna uczta.

Kobieta jest na ogół otwarta na sporadyczny akt szybkiego seksu, jeśli czuje emocjonalne oparcie w związku i wie, że przy innej okazji zazna seksu jak zdrowe domowe jedzenie, a od czasu do czasu także seksu jak wykwintna uczta.

Szybki seks może się wydawać atrakcyjny tylko dla mężczyzny, ale dla kobiety też ma pewne zalety. Choć kobieta nie zazna takiego fizycznego pobudzenia jak w trakcie dłuższego zbliżenia, szybki seks emocjonalnie może być dla niej bardzo satysfakcjonujący z wielu powodów.

Od kiedy zacząłem uczyć, jak i dlaczego włączać szybki seks do współżycia, dziękują mi za to nie tylko mężczyźni, ale także kobiety. Oto przykładowe wypowiedzi kobiet:

„Teraz, kiedy jesteśmy w łóżku, a ja nie mam nastroju do seksu, nie muszę nic udawać, mogę zwyczajnie powiedzieć: «Zróbmy szybki seks». Mąż wcale się nie buntuje, a ja nie muszę tłumaczyć, że nie dzieje się nic złego".

„To jest wspaniałe, bo czasami pragnę, by mnie tylko przytulił i pieścił, ale zarazem chcę, żeby był zaspokojony. Jestem intymnie blisko niego, ale nie muszę się starać o nic więcej".

„On nareszcie zrozumiał, że czasami chcę tylko intymnej bliskości i wcale mi nie zależy na orgazmie".

„Szybki seks jest fantastyczny. Nie muszę się przejmować tym, że powinnam się rozbudzić. Czasami zaczynamy od szybkiego seksu i ja się mocno roznamiętniam. Mówię mu tylko, że chcę, by mnie dotykał, a on jest szczęśliwy, że może przerzucić bieg i dać mi orgazm. Nigdy nie dowiedziałabym się, że miałam nastrój do seksu, gdybyśmy nie zaczęli od szybkiego seksu".

„Dawniej mówiłam mu, że nie muszę mieć orgazmu, ale że zawsze lubię seks z nim wtedy, kiedy on ma na to ochotę. On robił się zły, jakby coś było nie tak. Dopiero kiedy przesłuchał taśmy z wykładami o seksie, wszystko się zmieniło. Chyba dlatego, że ktoś inny mu to powiedział, przyjął to do wiadomości. Teraz bez poczucia presji, że za każdym razem muszę «grać», o wiele bardziej cieszy mnie seks i znacznie częściej mam ochotę na orgazm".

„Czasami nie chcę, żeby seks trwał długo. Chcę to szybko mieć za sobą. Zamiast udawać orgazm, wystarczy, że mu powiem: «Zróbmy szybki seks» i jest już po wszystkim w kilka minut".

„Czasami, gdy gdzieś razem wychodzimy, wokół nas jest pełno młodszych kobiet. Nawet jeśli nie mam nastroju do seksu, lubię czuć, że nadal podniecam mego partnera. W takich sytuacjach inicjuję seks bardzo widocznymi znakami. Potem, kiedy zaczynamy, daję mu do zrozumienia, że nie musi mnie mocno stymulować. Miło jest czuć, że mój mężczyzna pragnie mnie i pożąda".

Tego rodzaju komentarze dodają nowego wymiaru znaczeniu „szybkiego" seksu.

Ile orgazmów?

W wielu współczesnych książkach mówi się o uzyskiwaniu coraz liczniejszych orgazmów. Choć z pewnością te książki niektórym parom pomagają, to jednak wiele kobiet czuje jeszcze większą presję, by grać. W obliczu naszych licznych zajęć wystarczy perspektywa przeżycia jednego orgazmu. Ale obecnie, w latach dziewięćdziesiątych, kobiety mają przeżywać wiele orgazmów.

Sporo kobiet satysfakcjonuje jeden orgazm. Czasami więcej wcale nie znaczy lepiej. Kiedy kobietę satysfakcjonuje jeden orgazm, mężczyzna dający jej ten jeden orgazm jest także bardzo usatysfakcjonowany. Poniekąd on czuje: „To moje dzieło. Całkowicie ją zaspokoiłem".

Niektóre kobiety idą coraz dalej — jeden orgazm za drugim. Choć mężczyzna może to uznać za bardzo ekscytujące, po jakimś czasie może poczuć, że musi wciąż dawać jej orgazmy, jakby nigdy jej nie było dość. Stopniowo seks może stać się czasochłonnym obowiązkiem tak dla mężczyzny, jak dla kobiety, i stracić swój magiczny czar.

Nieraz uczestniczki moich seminariów mówią, że są multiorgazmiczne, a po dziesięciu orgazmach chcą jeszcze więcej. Kiedy mężczyzna miał orgazm i kończą stosunek, kobieta nie czuje się zaspokojna. Jest to niezadowalające nie tylko dla niej, ale także dla mężczyzny. On chce czuć, że daje jej orgazm nad orgazmy albo że co najmniej zaspokaja jej głód.

Jeśli kobieta jest multiorgazmiczna, sugeruję, by zamiast mnóstwa orgazmów miała jeden wielki. Może tuż przed orgazmem zasygnalizować partnerowi, żeby ograniczył stymulację i ponownie nasilił ją później. Jeśli powtórzy ten zabieg kilka razy, kiedy partnerka ostatecznie będzie miała orgazm, może szczęśliwie stwierdzi, że jeden wystarcza i że już nie czuje tego głodu. Jest zaspokojona.

Kiedy piszę o tym, co sprzyja wspaniałemu seksowi, ryzykuję, że może zabrzmi to tak, jakby jeden sposób był lepszy od innych. To bardzo męska postawa. Mężczyźni lubią znaleźć sobie gotową regułę i zastosować się do niej. Choć konsekwentne stosowanie jednej metody może odpowiadać mężczyznom, na ogół nie odpowiada kobietom. W następnym rozdziale zbadamy, co różni seks mechaniczny od seksu spontanicznego.

ROZDZIAŁ DZIESIĄTY

SEKS MECHANICZNY A SEKS SPONTANICZNY

Kolejny sekret udanego seksu polega na urozmaiceniu. Kobieta chce, by za każdym razem seks był choć trochę inny. Mężczyźni tego nie rozumieją, ponieważ są zorientowani na osiągnięcie celu. Mężczyzna stara się znaleźć regułę, która zaprowadzi go tam, dokąd chce się dostać, i jeśli ta reguła sprawdzi się raz, skłonny jest stosować ją wielokrotnie. Oto jego zasada przewodnia: „Lepsze jest wrogiem dobrego".

Dla wielu mężczyzn idea, że za każdym razem muszą ryzykować wypróbowanie czegoś nowego, jest frustrująca. Mężczyzna chce znaleźć regułę, która będzie zawsze skuteczna, tak by mógł się odprężyć dzięki seksowi, mając poczucie pewności. Mężczyźnie odpowiadają konkretne reguły gry. Kobieta jednak czuje się najbardziej podniecona wtedy, gdy nie wie, co partner zrobi w następnej chwili. Przewidywalność zraża.

Kobieta czuje się najbardziej podniecona wtedy,
gdy nie wie, co partner zrobi w następnej chwili.
Przewidywalność zraża.

Reguła seksualna, choćby nie wiem jak dobra, po kilkakrotnym zastosowaniu pod rząd staje się przewidywalna, rutynowa i nudna. Kiedy mężczyzna dotyka piersi albo brodawek kobiety wtedy, gdy ona nie jest w szczytowym momencie stymulacji, takie samo pocieranie w kółko może się jej znudzić. Zmienność rytmów i ruchów mężczyźnie może się wydawać nieistotna, ale dla kobiety jest ogromnie ważna.

Zmienność rytmów i ruchów
mężczyźnie może się wydawać nieistotna,
ale dla kobiety jest ogromnie ważna.

Zróżnicowanie pozycji ciała także bardziej pobudza kobietę. Czasem mężczyzna może leżeć na niej, a czasem ona może być na górze. Raz po raz mogą zamieniać się miejscami tak, by ona była po jego stronie łóżka, a on po jej. Zmiany pozycji pomagają kobiecie przestać myśleć i czuć to, czego akurat doznaje. Poddając się rytmowi mężczyzny, kobieta nie pyta, dlaczego on delikatnie przesuwa ją raz po raz, bo czuje ten dreszczyk i zastanawia się: „Co będzie teraz?" Takie oczekiwanie jest dla kobiety bardzo ekscytujące.

Seks a piłka nożna

Aby oddać istotę tego, co ekscytuje kobietę w seksie, w kategoriach, które mogą być zrozumiałe dla większości mężczyzn, porównuję seks do piłki nożnej. Kiedy mężczyzna ogląda mecz, najbardziej ekscytuje go oczekiwanie na to, co się wydarzy na boisku. Kto przedrze się na pole karne? Kto będzie strzelał? Czy bramkarz złapie piłkę? Kto zdobędzie gola i kto wygra?

Kiedy mężczyzna ogląda mecz, jego napięcie to rośnie, to opada przy każdej sytuacji podbramkowej. Za każdym razem, kiedy zawodnik dociera pod bramkę, mężczyzna czuje narastające podniecenie i napięcie. Uwalnia je, wydając okrzyki entuzjazmu, kiedy zawodnik z jego zespołu celnie podaje albo strzela gola.

Choćby mecz nie wiadomo jak nas ekscytował za pierwszym razem, gdy go oglądamy, jeśli wielokrotnie obejrzymy nagranie tego samego meczu, staje się on nudny. Podobnie, kiedy mężczyzna stosuje zawsze tę samą regułę, seks staje się dla partnerki nudny i przewidywalny.

Bywa, że mężczyzna znajduje regułę, która się sprawdziła w łóżku, i modyfikuje ją, czyniąc bardziej „efektywną". Zamiast przeznaczać czas na grę wstępną, od razu przystępuje do stosunku. Przypomina to oglądanie wiadomości sportowych po to, żeby się dowiedzieć, kto wygrał, a nie oglądanie samego meczu. Obejrzenie w kronice sportowej skrótu meczu z jego najważniejszymi momentami jest na pewno przyjemne, ale nijak nie da się porównać z narastającą ekscytacją, kiedy się jest na miejscu albo ogląda cały mecz.

Oglądanie całego meczu sprawia, że finał jest o wiele bardziej ekscytujący. Podobnie gra wstępna sprawia, że seks i orgazm są tak bardzo ekscytujące dla kobiety. Ją uszczęśliwia nie tylko rezultat, ale także dochodzenie do niego.

Najpierw akcje podbramkowe

Kiedy w trakcie gry wstępnej mężczyzna zaczyna delikatnie pocierać palcem wskazującym miejsce powyżej piersi kobiety, to jest jak pierwsza akcja. Potem, kiedy on coraz bardziej zbliża się do piersi, to jest jak precyzyjne dośrodkowanie. Tłum jest podekscytowany. Ona zastanawia się: „Czy on trafi do bramki?" Potem, zbliżając się do piersi, on drażni partnerkę, wycofując się i zaczynając od nowa. Zagranie było niecelne i tłum jęknął. Nagle dreszcz oczekiwania znowu rośnie, bo drugi zawodnik przystępuje do akcji.

Tym razem, zamiast pocierać w taki sam sposób, mężczyzna może użyć dwu palców zamiast jednego. Ta niewielka odmiana powiększy podekscytowanie partnerki. To tak, jakby powstała następna sytuacja podbramkowa. Czy będzie gol?

Wreszcie, kiedy mężczyzna intensyfikuje stymulację, może dotykać jednej piersi, a drugą lizać albo ssać. Potem może powoli przesunąć drugą rękę w dół, na srom partnerki. Jeśli to wszystko następuje stopniowo, jest równie ekscytujące jak dogrywka po wyniku remisowym, rzuty karne albo interwencja bramkarza. Następnie, kiedy partner celnie strzela i wchodzi w ciało partnerki, żeby odbyć stosunek, tłum szaleje, bo tuż po sobie padają dwie bramki.

Magia gry wstępnej

Jeśli mężczyzna zapamięta to porównanie meczu piłkarskiego do seksu, gra wstępna nabierze dla niego całkiem nowego wymiaru. Może w końcu zrozumie, dlaczego gra wstępna jest dla kobiety taka ważna. To jest tak, jakby Bóg dał kobiecie „krągłe" kształty po to, by przypominały mężczyźnie, żeby po jej ciele wodził kolistymi ruchami dłoni i palców, zamiast zmierzać prosto do sedna!

Bóg dał kobiecie „krągłe" kształty po to, by przypominały mężczyźnie, żeby po jej ciele wodził kolistymi ruchami dłoni i palców, zamiast zmierzać prosto do sedna!

Kobieta ma trzy główne sfery erogenne — dwie piersi i srom — żeby przypominały mężczyźnie, że nie chodzi tylko o jedno „sedno". Te trzy główne sfery przypominają mu także, by korzystał z obu swych rąk i języka.

Manipulując prawą dłonią, mężczyzna może użyć jednego palca, a czasem trzech. Raz może wodzić po ciele partnerki prostymi liniami, a kiedy indziej krętymi. Czasami jego dotyk może być silny i zdecydowany, czasami nad wyraz łagodny. Najpierw może palcami kręcić kółka w prawo, a następnie w lewo. Może wodzić w górę i w dół. Każda, nawet niewielka, odmiana sposobu dotykania zaspokaja kobiecą potrzebę urozmaicenia.

Każda, nawet niewielka, odmiana sposobu dotykania zaspokaja kobiecą potrzebę urozmaicenia.

Przeznaczając w trakcie gry wstępnej dostatecznie dużo czasu na roznamiętnienie kobiety, mężczyzna powiększa jej rozkosz. Nie zapominajmy, że z reguły kobieta potrzebuje około dziesięciu razy dłuższej gry wstępnej niż mężczyzna. Kiedy mężczyźnie przybywa lat, może potrzebować nieco więcej gry wstępnej, żeby się w pełni rozbudzić, podczas gdy kobieta może potrzebować jej mniej. Mężczyzna powinien pamiętać, że nie tyle tym, co robi, ile jak długo to robi, zapewnia kobiecie zaspokojenie.

Mężczyzna powinien pamiętać, że nie tyle tym, co robi, ile jak długo to robi, zapewnia kobiecie zaspokojenie.

Jeśli gra wstępna trwa trzydzieści minut, a kobieta jeszcze nie jest bliska kulminacji, można powiedzieć, że zapewne nie będzie miała orgazmu. Czasem jednak, jeśli mężczyzna będzie kontynuował pieszczoty, kobieta będzie szczytować. Aby pomóc mężczyźnie w zorientowaniu się, co ma robić, kobieta powinna dać mu jakiś wyraźny sygnał.

Aby pomóc mężczyźnie w zorientowaniu się,. co ma robić, kobieta powinna dać mu jakiś wyraźny sygnał.

Jeśli mężczyzna pobudza partnerkę przez dostatecznie długi czas, a efektu nie widać, przy czym ona bardzo chce, żeby nadal ją pieścił, może mu powiedzieć coś w tym stylu:

- Naprawdę bardzo to lubię.
- Wiem, że to długo trwa, ale jest takie miłe.
- Nie chcę, żebyś już miał orgazm. Uwielbiam to, co robisz.

Jeśli mężczyzna dotyka ciała partnerki, a ona nie marzy o niczym więcej, jak tylko by po cichu „wchłaniać" to w siebie i „roztapiać" się pod jego dotykiem, partner może pomyśleć, że nic się nie dzieje. Ona może mu ogromnie pomóc takim oto komentarzem:

- Nic nie mówię, ale bardzo to lubię.
- Bardzo lubię to, co robisz. To mi pomaga się rozluźnić i zaczynam się naprawdę otwierać.
- Och, właśnie tego pragnęłam.

Dzięki krótkim komentarzom partnerki, mężczyzna może nadal robić swoje, nie martwiąc się, że robi nie to, co trzeba. Jemu potrzeba jej pozytywnej reakcji.

Dzięki krótkim komentarzom partnerki, mężczyzna może nadal robić swoje, nie martwiąc się, że robi nie to, co trzeba.

Jak mężczyzna staje się bardziej spontaniczny

Jak już mówiliśmy, niektórzy mężczyźni z trudem rozluźniają się w łóżku, jeśli nie mogą polegać na sprawdzonej regule. Mężczyzna może rozwiązać ten problem, korzystając na zmianę z wielu reguł. Jego ulubiona reguła będzie skuteczna, jeśli będzie korzystał także z innych reguł.

Mężczyzna może, korzystając z gotowych reguł, jednocześnie zapewniać kobiecie potrzebne jej urozmaicenie. Kiedy on dokonuje wyboru spośród całej gamy technik, ona zaczyna się zastanawiać, co partner zrobi, on zaś czuje się pewny, bo wie, co ma robić. Modyfikując jedną technikę sztuki miłosnej; mężczyzna stwarza nowe techniki i metody. Dzięki temu seks mechaniczny z czasem staje się coraz bardziej spontaniczny.

Jak zmienia się nastrój seksualny kobiety

Kiedy mężczyzna we współżyciu seksualnym nie jest mechaniczny, a tym samym staje się nieprzewidywalny, kobieta ma możliwość poznawania i wyrażania swych niepowtarzalnych nastrojów seksualnych i uczuć. Może być bardziej spontaniczna i reagować na wiele różnych sposobów. Kiedy kobieta czuje się swobodnie i wie, że może być inna za każdym razem, a także zmieniać się wraz z upływem czasu — jak pogoda — jej ekspresja seksualna zmienia się. Jeśli seks ma pozostać ekscytujący, te naturalne zmiany są nader ważne.

Seksualne pory roku

Podobnie jak zmieniają się pory roku, będzie się zmieniał seks, pozostając wciąż atrakcyjny. Aby zmiana zachodziła naturalnie, kobieta musi czuć wsparcie przy odkrywaniu różnych form wyrażania własnych uczuć seksualnych.

Akt seksualny jest dla kobiety procesem odkrywania tego, co w danym dniu sprawia jej przyjemność. Ona nie chce, by partner stosował wcześniej obmyślony plan. Ona woli, by seks był za każdym razem spontaniczny i odpowiadał aktualnemu samopoczuciu obojga partnerów.

To wymaga nowej umiejętności. Jak już mówiliśmy, mężczyzna instynktownie woli wypróbowaną regułę, ponieważ jest wówczas przekonany, że zaspokoi partnerkę. Kobieta też chce, by on wiedział, co robić, ale w inny sposób. Chce, by wiedział o tym, że ona za każdym razem może być w innym nastroju. Chce, by wiedział, jak razem z nią odkrywać, czego ona pragnie. Chce, by był wrażliwy na jej reakcje, które pomogą mu doprowadzić ją na wyższy poziom spełnienia i rozkoszy.

Aby tego dokonać, mężczyzna musi znać podstawy udanego seksu i być gotowy na eksperymentowanie i stosowanie swych różnorodnych umiejętności. Jak artysta, musi doskonale poznać podstawowe kolory seksu, a następnie eksperymentować z ich łączeniem tak, by stworzyć nowe dzieło sztuki. Jak muzyk, musi znać podstawowe połączenia nut i akordów tak, by stworzyć piękny utwór.

Jak artysta, partner musi doskonale poznać podstawowe kolory seksu, a następnie eksperymentować z ich łączeniem tak, by stworzyć nowe dzieło sztuki.

Mężczyzna u steru

Kiedy mężczyzna może przejąć „ster" w seksie, partnerka ma swobodę: mniej myśli, a więcej czuje. Nie znaczy to, że ona tylko biernie leży. Ta swoboda pozwala kobiecie dać się ponieść prądom i falującym rytmom jej zmysłowej i seksualnej natury. Jakby tańczyła do konkretnego gatunku muzyki, kobieta może się poruszać z partnerem w rytmie jej aktualnego nastroju.

Czasami kobieta będzie się czuła jak wąż oplatający się wokół niego, owijający się na nim i kuszący go nagim ciałem. Kiedy indziej kobieta może się czuć jak niewinna dziewica, pierwszy raz doświadczająca dotyku mężczyzny. Może też zacząć współżycie chłodno i z rezerwą, ale stopniowo, gdy on dotyka jej ciała, dać się unieść gorącej wewnętrznej namiętności. Kobieta może być apodyktyczna i kazać partnerowi leżeć, podczas gdy ona robi z nim, co chce, by doprowadzić go do szaleństwa, albo też może potulnie przytulić się do niego i głęboko „wtopić" w niego, relaksując się, podczas gdy on ją delikatnie pieści. Te różne przejawy jej seksualnej natury nie są znane z góry, ale raczej odkrywane w danej chwili.

Różne przejawy seksualnej natury kobiety nie są znane z góry, ale raczej odkrywane w danej chwili.

Kiedy kobieta może być spontaniczna, tego rodzaju przejawy, oraz inne, ujawnią się w sposób naturalny. Jeśli mężczyzna przeznacza dość czasu na pobudzenie kobiety, nie mając żadnych oczekiwań co do jej aktywności, z czasem ona poczuje swobodę wyrażania i robienia wszystkiego, co czuje. Taka pozbawiona zahamowań ekspresja seksualna wyzwala ją do przeżywania nowych wzlotów ekstazy seksualnej.

Porozumienie seksualne

Zarówno mężczyzna, jak i kobieta potrzebują jasnych i pozytywnych reakcji zwrotnych, aby wiedzieć, co daje drugiej osobie najgłębsze spełnienie. Zalecam, byście w dogodnej chwili, zwłaszcza wtedy, gdy nie jesteście negatywnie nastawieni do seksu, przeznaczyli pół godziny na rozmowę o waszych doświadczeniach seksualnych. Dobrze się stanie, gdy w każdym związku taka rozmowa odbędzie się przynajmniej raz na kilka lat.

Oto wykaz pytań dla wywołania niewymuszonej rozmowy:

- Co ci się u mnie podoba, kiedy jesteśmy w łóżku?
- Co czułeś, kiedy to robiłam?
- Czy chciałabyś więcej seksu?
- Ile seksu chciałabyś co tydzień?
- Czy od czasu do czasu chciałabyś dłuższej gry wstępnej?
- Czy od czasu do czasu nie chciałbyś krótszej gry wstępnej?
- Czy chcesz, żebym w przyszłym miesiącu zrobił coś specjalnego w łóżku?
- Czy chcesz, abym cię dotykała w jakiś nowy sposób? Jeśli tak, to pokaż mi jak?
- Czy powinienem spróbować czegoś nowego?
- Czy jest coś takiego, czego dotąd nie robiłem w łóżku, a co ty chciałabyś, abym wypróbował?
- Czy jest coś takiego, co dawniej robiłem, a ty chciałabyś tego więcej?

Jeśli nie uprawiacie seksu albo nie doznajecie całkowitego zaspokojenia, tego rodzaju rozmowa ma sens, ale odłóżcie na bok wszystkie negatywne odczucia, żale i krytyczne uwagi. Rozmowa o seksie to bardzo delikatna sprawa.

Rozmowę o naszych potrzebach w łóżku utrudnia nam to, że nie chcemy rozczarować partnera, ale jednocześnie nie chcemy, by od nas oczekiwano czegoś, co nam nie wydaje się miłe czy naturalne. Odpowiadając na te pytania, trzeba wyraźnie dać do zrozumienia, że nikt nie domaga się czegoś ponad miarę.

Nie powinno się robić rzeczy, które komuś nie odpowiadają. Kiedy partner nie aprobuje tego, co ty preferujesz, zaakceptuj uczucia partnera. Jednocześnie, jeśli partner chce czegoś, co tobie nie wydaje się ważne albo zrazu wydaje się nieprzyjemne, bądź otwarta. Zawsze możesz powiedzieć: „Wydaje mi się, że żądasz ode mnie za dużo, ale przemyślę to".

Aby dać partnerowi odczuć, że coś jest dla ciebie naprawdę ważne, delikatnie, ale uporczywie wracaj do tego w każdej rozmowie o seksie. Sekret udanego seksu polega na wykorzystaniu własnych silnych punktów, a nie koncentrowaniu się na problemach czy niedostatkach. Wiele kobiet i mężczyzn wyjawiło mi, że po wysłuchaniu taśm z moimi prelekcjami na temat seksu byli gotowi porzucić pewne „pruderyjne" wyobrażenia i cieszyć się prawdziwą rozkoszą seksu z ukochaną osobą.

W następnym rozdziale zbadamy, jak monogamia pomaga utrzymać namiętne i ożywione współżycie seksualne.

ROZDZIAŁ JEDENASTY

NAMIĘTNA MONOGAMIA

Niektórym ludziom perspektywa współżycia seksualnego tylko z jedną osobą przez całe życie wydaje się zbyt nudna. Oni pragną ekscytacji. Kiedy nauczymy się, jak sprawić, by seks był spontaniczny, a nie mechaniczny, wcale nie musi się stać nudny. Wraz z upływem czasu doznania seksualne mogą wciąż się zmieniać, a namiętność wciąż rosnąć.

Nie mam najmniejszej wątpliwości, że tajemnica mojego udanego małżeństwa polega na naszym wzajemnym oddaniu seksualnym. Wielu mężczyzn nie uświadamia sobie znaczenia monogamii. Nie rozumieją, że monogamia zapewnia kobiecie poczucie, iż jest kochana i wyróżniana. Jeśli kobieta nie ma takiego poczucia, nie może dalej „otwierać się" na partnera. Zaufanie jest dla kobiety sprawą zasadniczą, aby mogła czuć pociąg do partnera.

Zaufanie jest dla kobiety sprawą zasadniczą, aby mogła czuć pociąg do partnera.

Mężczyznę łatwo podnieca kobieta, która mu się podoba. Utrzymanie tej podniety wcale nie jest automatyczne. Mężczyźnie nie wystarczy to, że kocha kobietę. Musi czuć, że ją pociąga, że ona jest „otwarta" na niego. Musi czuć, że może ją uszczęśliwić.

Mężczyzna musi wielokrotnie doświadczyć, że może uszczęśliwić kobietę, jeśli ma nadal czuć do niej pociąg i być przez nią pobudzony.

Dlaczego na początku łatwo o namiętność

Na początku związku, kiedy ona patrzy mu w oczy, a potem niby to obojętnie odwraca wzrok, on otrzymuje wyraźny znak, że może być tym, który da jej szczęście. Jej spojrzenie dodaje mu odwagi, by mimo ryzyka, że zostanie odtrącony, zainicjować związek.

Później, kiedy mężczyzna kilka razy ją rozczaruje, kobieta przestaje tak na niego patrzeć, a on przestaje czuć, że może jej dać szczęście. Od razu albo stopniowo pociąg ustaje. Mężczyzna może ją kochać, ale ona już go nie pociąga.

Mężczyzna może fantazjować o seksie z innymi kobietami albo stłumić swe namiętności seksualne. Pozostanie monogamiczny, ale nie ma w nim namiętności. Pozostawanie więźniem w związku pozbawionym namiętności nie jest wyborem, jaki dziś ludzie gotowi są podejmować. Korzystanie w łóżku, i poza nim, z arkanów sztuki miłosnej może sprawić, że namiętność pozostanie żywa, a seks będzie coraz bardziej satysfakcjonujący.

Przypływy i odpływy namiętności

Zarówno normalne, jak i naturalne jest to, że fala namiętności w związku to rośnie, to opada. Tak samo jak normalne jest to, że bywają chwile, kiedy nie czujemy miłości do partnera, normalne jest to, że nie czujemy do niego pociągu seksualnego.

Tak samo jak normalne jest to, że bywają chwile, kiedy nie czujemy miłości do partnera, normalne jest to, że nie czujemy do niego pociągu seksualnego.

Chwile, w których nie czujesz tego pociągu seksualnego, są jak pochmurne dni, kiedy nie świeci słońce. Pochmurny dzień nie znaczy, że słońca nie ma. Znaczy tylko, że chwilowo jest zasłonięte. W takie pochmurne dni do twoich drzwi puka pokusa. Kiedy pociąg w związku jest zablokowany, wielekroć czujemy pociąg do czegoś innego.

Aby zachować możliwość powrotu namiętności do związku, najlepiej nie ulegać własnym namiętnościom czy fantazjom.

Bywa, że łapię się na tym, iż podnieca mnie inna kobieta. Nie znaczy to, że nie kocham mojej żony. Znaczy to tylko, że mój pociąg nie jest w pełni „ulokowany" w mojej żonie. Trzeba lat wzajemnego oddania, zanim namiętność mężczyzny będzie płynąć wyłącznie w jednym kierunku — ku jego partnerce.

Gdy mężczyznę kusi

Kiedy podnieca mnie inna kobieta, patrzę między swe nogi i myślę: „Cieszę się, że wszystko działa". Następnie patrzę przed siebie i mówię: „John, do domu". To się nazywa męska dyscyplina!

Nigdy nie wmawiam sobie, że jestem niedobry, bo pociągają mnie inne kobiety, ale to podniecenie przynoszę do domu, do mojej żony. Jeśli przychodzę do domu i podniecenie zanika, wiem, że muszę zacząć korzystać z arkanów sztuki miłosnej, żeby żona poczuła się kochana, szczęśliwa i jedyna. Stopniowo pociąg seksualny powraca.

Przez samo „włączenie" moich uczuć seksualnych i skierowanie ich ku mojej żonie powiększam swoją zdolność do tego, by mnie podniecała. Ponadto dzięki panowaniu nad swoimi doznaniami, kiedy jestem z dala od żony, lepiej panuję nad sobą podczas współżycia seksualnego.

Gdy mężczyzna umie opanować swą namiętność

Kiedy mężczyzna umie odczuwać namiętność i nad nią zapanować, kobieta może się „zapominać", pozbywać zahamowań i zacząć naprawdę czuć swą namiętność. Gdy mężczyzna nauczy się panować nad własną namiętnością, nie tylko pomaga partnerce osiągnąć wyższy poziom spełnienia, ale także on sam może przeżywać rozkosz seksualną i miłość na wyższym poziomie.

Kiedy mężczyzna umie odczuwać namiętność i nad nią panować, kobieta może się „zapominać", pozbywać zahamowań i zacząć naprawdę czuć swą namiętność.

Co to znaczy, że mężczyzna jest opanowany? To znaczy, że wtedy, gdy jego namiętność jest tak wielka, iż z łatwością mógłby mieć orgazm, powstrzymuje się i stopniowo „buduje" namiętność partnerki.

Znaczenie monogamii dla pozbawionego zahamowań seksu

Takie opanowanie nie ogranicza się wyłącznie do łóżka, ale rozciąga na świat zewnętrzny. Kiedy mężczyzna nie traci kontaktu ze swymi doznaniami seksualnymi, ale kieruje energię seksualną tylko ku partnerce, jego opanowanie ma dla niej określony skutek.

Za każdym razem, kiedy mężczyznę kusi okazja do seksu, ale zachowuje wierność monogamii, daje swej partnerce bezpieczeństwo odczuwania większej radości seksu. Nie ulegając fantazjom o innych kobietach, mężczyzna uczy się panować nad swą energią seksualną, tak by mógł zwolnić proces rozładowania i dłużej czekać na partnerkę. Oczywiście, różne myśli i wizje mogą mu przechodzić przez głowę, ale dopóki będzie wracał do „uświadamiania sobie" partnerki, jego namiętność i opanowanie będą wciąż rosnąć.

Niektórzy mężczyźni z łatwością wytrzymują dłuższe oczekiwanie, ale są mało namiętni. Inni są ogromnie podnieceni i namiętni, ale mało opanowani. Ledwie rozpoczną, już finiszują. Mają wytrysk i orgazm, ale nie jest to orgazm całego ciała. Korzystanie z arkanów sztuki miłosnej i seksu dwubiegunowego może pomóc mężczyźnie wytrwać dłużej, a lata namiętnej monogamii automatycznie zapewnią mu większe opanowanie.

Jak kobieta może pomóc mężczyźnie wytrwać dłużej

Tak samo jak mężczyzna wpływa na zdolność kobiety do zaniechania kontroli nad sobą i oddania się szaleństwu namiętności, tak zaufanie kobiety i jej zdolność do otwarcia się i otrzymywania pieszczot i miłości mężczyzny mogą jemu pomóc zachować opanowanie.

Kiedy kobieta jest w stanie ulec i w pełni „przyjmować" mężczyznę, on może z łatwością zachowywać opanowanie, zarazem odczuwając narastającą namiętność. Kiedy kobieta umie się rozluźnić, przyjmować i cieszyć pieszczotami mężczyzny, on może wytrwać dłużej. Może wciąż dawać tak długo, jak długo ona go „przyjmuje".

Jeśli jednak kobieta próbuje przejąć kontrolę i go pobudzać, może niechcący wytrącić go z rytmu albo zrazić. Kiedy mężczyzna skoncentrował się na dawaniu i pobudzaniu partnerki, a ona usiłuje pobudzić jego, zamiast pozwolić mu działać, może zablokować przepływ jego energii do niej i spowodować, że partner będzie miał orgazm, zanim będzie gotowy.

Kiedy reakcje seksualne kobiety następują w odpowiedzi na jego zachowanie, a nie są próbą rozbudzenia go, u partnera może narastać kontrolowana namiętność. Lecz kiedy aktywność kobiety nie jest spontaniczną reakcją na pieszczoty mężczyzny, on nie czuje narastania namiętności i może nagle stracić opanowanie. Albo zrobi się zbyt podniecony i będzie miał wytrysk, albo się zrazi. W obu przypadkach mężczyzna nie wie, co się stało, i kobieta też tego nie wie. Nadmiernie podekscytowana jego pieszczotami kobieta może go wręcz zrazić.

Powtórka świątecznej fety

Któregoś popołudnia Donald i Connie przeżyli wspaniałe, fantastyczne i niezapomniane zbliżenie seksualne. Potem Donald powiedział jej, że bardzo mu się podobało. Szczególnie podobało mu się to, jak ona poruszała się, leżąc na nim. Poczuł wtedy, że doprowadził ją do szaleństwa, i nie musiał robić nic więcej, jak tylko leżeć, podczas gdy ona swobodnie wyrażała swą namiętność.

Dwa dni później, kiedy się kochali, Connie zaczęła od tych samych ruchów co poprzednio. Tym razem jednak Donalda to zraziło, choć powtarzała to samo, co poprzednio, by sprawić mu przyjemność.

Początkowo Donald nie rozumiał, co im nie wyszło. Potem uświadomił sobie, że poprzednio, kiedy mu się tak bardzo podobało, ruchy Connie były spontanicznym efektem tego, że on ją pobudził. Następnym razem ona robiła to mechanicznie, aby pobudzić jego, i dlatego to się nie sprawdziło. Jej namiętne ruchy i uczucia nie były automatyczną reakcją, lecz jej własną próbą, aby znów mu dać przyjemność.

Connie robiła to, co poprzednio mu się podobało. Z dyskusji na ten temat dowiedziała się, że najsilniej podnieciłaby Donalda jej naturalna aktywność, zwłaszcza wtedy, gdy on starał się ją podniecić. Uświadomienie sobie tego spowodowało, że jeszcze wnikliwiej przyjrzała się własnym autentycznym reakcjom seksualnym.

Wyrównywanie poziomu rozkoszy u partnerów

Kiedy mężczyzna stwierdza, że osiągnie orgazm, zanim partnerka będzie gotowa, z łatwością może odzyskać opanowanie, redukując własne, a powiększając podniecenie partnerki. Koncentrując się na partnerce i nie pozwalając jej skoncentrować się na dawaniu większej rozkoszy jemu, mężczyzna może powiększyć jej rozkosz. Gdy partnerka otrzymuje większą rozkosz niż on, jego opanowanie powraca. Podczas stosunku mężczyzna może czasami odzyskać opanowanie bez konieczności wyjęcia członka z pochwy, sięgając tak, by bezpośrednio stymulować łechtaczkę ręką. Może też przesunąć ją na górę i zasygnalizować partnerce, by się nie ruszała, na chwilę przytrzymując jej biodra, a potem — kiedy ona jest na górze — może stymulować łechtaczkę. Kiedy kobieta jest bardziej zaangażowana, mężczyzna rozluźnia się i odzyskuje opanowanie.

Opcja zwolnionego tempa

Czasami partnerowi wykonującemu ruchy frykcyjne w ciele kobiety wydaje się, że jeśli jest prawdziwym mężczyzną, powinien tylko suwać i suwać, i to coraz głębiej. W istocie jest dokładnie na odwrót. Kobieta ceni sobie to, iż może tak bardzo pobudzić mężczyznę, że on zaczyna tracić opanowanie. Dla niej jest to silna podnieta. Kiedy mężczyzna odczuwa potrzebę przerwania ruchów frykcyjnych, ona wie, że udało jej się go podniecić, i czuje, że jemu na niej zależy. To, że on zwalnia tempo po to, by wyrównać poziom własnej energii i rozkoszy z jej poziomem, jest dla niej oznaką jego sprawności i opanowania i powiększa jej rozkosz.

Bez zrozumienia tego, co ona czuje, mężczyzna może myśleć, że jest pozbawiony wpływu na przebieg aktu, bo nie może kontynuować „pompowania". Ale ona będzie szczęśliwa, że partner umie się opanować i że dla niej potrafi zwolnić tempo.

Jeśli mężczyzna czuje takie pobudzenie, że nie jest w stanie kontynuować stosunku bez orgazmu, powinien zwolnić i albo przez kilka minut spokojnie leżeć z penisem w pochwie, albo delikatnie go wysunąć i kontynuować stymulowanie partnerki.

Jeśli on „pompuje" i zaczyna tracić kontrolę nad sobą, na ogół jest to znak, że partnerka nie może dotrzymać mu kroku.

Czasami, aby stworzyć wrażenie, że dotrzymuje mu kroku, kobieta intensyfikuje swą namiętność w nadziei, że go zadowoli albo dogoni. Wówczas partner będzie miał skłonność do utraty kontroli i zbyt wczesnego wytrysku. Kiedy to się zdarzy, ani jemu, ani jej nie dopisuje dobre samopoczucie.

Popełniamy błędy i z całą pewnością nie powinniśmy się spodziewać, że seks za każdym razem będzie perfekcyjny. Kiedy mężczyzna raz na jakiś czas szczytuje przed kobietą, zamiast się tym przejmować, może zapamiętać, aby następnym razem doprowadzić ją do orgazmu, zanim sam go osiągnie.

Może dowcipnie powiedzieć:

- Jestem ci coś winny, kochanie.
- Następnym razem postaram się, żebyś dostała to, co ci się należy.
- Kocham cię, słonko, następnym razem jestem cały twój.

Po czym najlepiej do tego nie wracać i zachowywać się tak, jakby nic się nie stało. Jeśli mężczyzna będzie rozczarowany i zasępiony, najlepiej jeśli partnerka zachowa się tak, jakby nic się nie stało, i zostawi partnera w spokoju. Jeśli jednak sama jest rozczarowana i czuje potrzebę orgazmu, może intymnie się dotykać i doprowadzić do szczytowania, podczas gdy partner obejmuje ją albo pomaga jej, pieszcząc i stymulując.

Gdy mężczyzna nie uzyskuje erekcji

Mężczyzna łatwo traci panowanie nad sobą, ale równie łatwo może mieć problemy z uzyskaniem erekcji. W obu przypadkach rada jest jedna: powinien skoncentrować się na rozkoszy partnerki. Gdy jej rozkosz narasta i ona się „zapomina", on odzyskuje kontrolę. Pary z reguły popełniają błąd, koncentrując się na mężczyźnie, jakby mu coś dolegało. Im bardziej kobieta koncentruje się na próbie doprowadzenia do wzwodu, tym staje się to trudniejsze.

> Kiedy mężczyzna nie uzyskuje erekcji albo ma problemy z opanowaniem się, powinien skoncentrować się na rozkoszy partnerki.

Jakkolwiek wizyta u terapeuty może być czasem pomocna, początkowo najlepiej ignorować brak opanowania u mężczyzny i skupić się na sposobach, dzięki którym mężczyzna może dać znać partnerce, że jest kochana. Później, kiedy w związku dochodzi do zbliżenia seksualnego, oboje mogą się chwilowo skoncentrować na jej zaspokojeniu, nie uzależniając go od jego erekcji.

Można dzielić się rozkoszą seksualną bez erekcji. Najlepsze rozwiązanie polega na tym, by mężczyzna skoncentrował się na technikach odpowiednich do umiejętnego pobudzenia partnerki. Mężczyzna automatycznie zacznie znowu mieć erekcję.

Jakkolwiek w seksie istotne jest to, by nie być mechanicznym, istotne jest także to, by rozumieć podstawowe mechanizmy seksu. W następnym rozdziale zbadamy naszą odrębną anatomię seksualną i odrębne sposoby udanej wzajemnej stymulacji.

ROZDZIAŁ DWUNASTY

ANATOMIA SEKSUALNA I SEKS ORALNY

Ponieważ dotykanie łechtaczki jest ważne dla zaspokojenia kobiety i ponieważ łechtaczka jest mała i łatwo ją przeoczyć, chciałbym przeznaczyć kilka chwil na przegląd podstawowych terminów odnoszących się do kobiecej anatomii. Termin „srom" odnosi się do zewnętrznych narządów płciowych kobiety, obejmujących wargi sromowe większe, wargi sromowe mniejsze, łechtaczkę i przedsionek pochwy.

Wargi sromowe większe osłaniają szparę sromową. Znajdują się na zewnątrz warg wewnętrznych, które są mniejszymi fałdkami skórnymi. Wargi większe i mniejsze zawierają tysiące delikatnych włókien nerwowych, przebiegających w górę i w dół, które przy delikatnym dotknięciu wyzwalają mnóstwo stymulacji, rozkoszy i spełnienia.

Na południowym skraju warg jest pochwa — kanał, w który mężczyzna wsuwa penis i tędy wnika do ciała kobiety. Na północnym skraju warg jest łechtaczka. Ponieważ jest taka mała i ponieważ mężczyzna jej nie ma, nie uświadamia sobie, jak cudowne doznanie daje kobiecie, kiedy jej tam dotyka. Generalna zasada jest taka, że mężczyzna przede wszystkim powinien pamiętać o tym, by najpierw udał się na północ, zanim się uda na południe.

Bardzo ważne jest to, by mężczyzna pamiętał o tym, by najpierw udał się na północ, zanim się uda na południe.

Dotykanie łechtaczki

Łechtaczkę częściowo zakrywa mała fałdka skóry, czyli napletek. Kiedy kobieta się pobudzi, łechtaczka się powiększa i nabrzmiewa. Podobnie jak penis, im bardziej robi się wzwiedziona, tym bardziej kobieta chce, by jej dotykać.

Kiedy kobieta jest bardzo pobudzona, mężczyzna może stymulować ją jeszcze intensywniej, naciskając kilkoma palcami tuż na północ od łechtaczki, a następnie je cofając, by ją całą wyeksponować. Jednak trzeba to robić delikatnie. Jeśli dotyka się łechtaczki zbyt mocno albo zbyt wcześnie — nawet jeśli kobieta jest w nastroju do orgazmu — może go nie doznać. Za duży nacisk na łechtaczkę może chwilowo osłabić doznania kobiety.

Mężczyźni powinni dążyć do dotyku tak lekkiego jak piórko. Kiedy kobieta pragnie silniejszego dotyku, da znać, wyżej unosząc miednicę albo kładąc swoją dłoń na dłoni partnera i mocniej na nią naciskając.

Biwakowanie „na południu"

Dotykając genitaliów kobiety, mężczyzna musi pamiętać o tym, by od czasu do czasu zmieniać metodę. Zamiast zawsze używać tego samego palca, spróbuj użyć innego. Potem dwu, a następnie trzech. Raz po raz połóż tam całą dłoń i delikatnie, ale zdecydowanie zmierzaj z południa na północ.

Czasami dobrze jest wziąć poduszkę i zaplanować biwakowanie na południu przez pełen kwadrans. Powinieneś po prostu pogodzić się z faktem, że przez dłuższy czas nigdzie nie idziesz. W taki sposób, na luzie, możesz robić eksperymenty.

Zacznij od wewnętrznej powierzchni ud, w górę ku wargom sromowym. Pocieraj je od góry i do dołu. Następnie weź na palce płyn wydzielający się z pochwy i zwilż nim łechtaczkę. Delikatnie wykonuj ruchy koliste, zawsze pamiętając o tym, by była zwilżona, aby tarcie nie sprawiało partnerce bólu. Delikatnie i rytmicznie poruszaj palcami w górę i w dół. Po pewnym czasie — z przodu do tyłu, a potem znowu w górę i w dół.

Staraj się wykonywać te ruchy w rytmie oddechu partnerki. Kiedy się bardziej podnieci, przyspiesz. Potem zwolnij. Rób to bez pośpiechu, nigdzie się nie spieszysz. Jeśli partnerka jednocześnie pobudza twój penis, możesz naśladować tempo jej ruchów.

Po ruchach w różnych kierunkach możesz zacząć wodzić koliście po łechtaczce: kółko w lewo, a potem kółko w prawo. Rób duże koła, a następnie malutkie kółka. Potem przejdź do spiralek: spirala wielkiego koła wokół całego sromu, dookoła i dookoła, coraz to mniejsze kręgi ku łechtaczce. Po wykonywaniu przez jakiś czas malutkich i precyzyjnych okrążeń wokół żołędzi łechtaczki możesz powoli robić większe okrążenia.

Kiedy odciągniesz napletek łechtaczki, zamiast dotykać jej bezpośrednio, możesz pocierać w górę i w dół nerwy prowadzące ku łechtaczce. Urozmaicone ruchy, przypadkowe w rytmie, mogą być dla kobiety bardzo stymulujące.

Wykonując różnorodne ruchy, powinieneś wsłuchiwać się w reakcje partnerki, aby wiedzieć, co działa najskuteczniej, i robić tego więcej. Baw się tymi ruchami. Zmieniaj je, a potem wracaj do poprzednich. Nawet ruchy „zwycięskie" mogą się znudzić, jeśli się ich nadużywa. Ale kiedy kobieta jest już bardzo podniecona, utrzymywanie niezmiennego i równomiernego ruchu może jej pomóc w osiągnięciu wyższego poziomu rozkoszy.

Kiedy kobieta jest już bardzo podniecona, utrzymywanie niezmiennego i równomiernego ruchu może jej pomóc w osiągnięciu wyższego poziomu rozkoszy.

Dotykając łechtaczki, możesz spróbować tak wodzić po niej palcami, jakbyś pisał poszczególne litery alfabetu. Przekonaj się, czy partnerka reaguje intensywniej na którąś z nich. Kiedy palce ci się trochę zmęczą, możesz po prostu dać odpocząć rękom i skorzystać z języka. Partnerka będzie zachwycona. Uzyska dzięki temu całkiem nowe doznania. Zwłaszcza kiedy jest bardzo pobudzona, muskanie łechtaczki językiem może być dla niej niezwykle podniecające.

Seks oralny dla kobiet

Dokładnie pamiętam pierwszy raz, kiedy obdarzyłem kobietę seksem oralnym. Po dziewięciu latach celibatu w zakonie właśnie miałem odbyć stosunek, kiedy partnerka powiedziała: „Ach, zanim wejdziesz we mnie, bardzo chciałabym, żebyś najpierw polizał mi łechtaczkę. To jest takie miłe".

Byłem zaszokowany. Te słowa rozlegały się w moich myślach: „Polizał mi łechtaczkę". Przedtem w ogóle nie miałem pojęcia o seksie oralnym dla kobiet. Taka myśl nawet nie przyszła mi do głowy.

Wciąż pamiętam tamtą chwilę. Kiedy przesuwałem się między jej nogi, to było tak, jakbym brał głęboki wdech, a po nim pierwszy raz zanurzał się w głębię basenu. Pamiętałem jej słowa: „To jest takie miłe". Te słowa dały mi odwagę do działania.

Kiedy już byłem „na dole", odkryłem wielką radość zaspokajania kobiety językiem. Ona to uwielbiała, podobnie jak każda z moich późniejszych partnerek. Wcale nie chodzi o to, że kobieta chce być lizana za każdym razem, ale na pewno doceni to, jeśli partner to zrobi od czasu do czasu. Mężczyźnie może być łatwiej zdecydować się na seks oralny, gdy sobie uświadomi, że jeśli kobieta dba o higienę i jest zdrowa, lizanie wydzieliny z jej pochwy jest absolutnie bezpieczne. Na Dalekim Wschodzie wydzielinę z pochwy kiedyś uważano wręcz za eliksir nieśmiertelności.

Jeśli jednak mężczyźnie lizanie tych płynów stwarza dyskomfort, może używać własnej śliny, i wcale nie musi połykać. Mężczyzna może tak lizać językiem, jakby dotykał partnerki. Dodatkową zaletą lizania jest to, że takie doznanie jest dla niej aksamitne. Aby dostarczyć ukochanej jeszcze innego doznania, mężczyzna może delikatnie wessać łechtaczkę do swych ust, a potem muskać ją językiem, albo tylko wessać ją do ust i delikatnie masować w tę i z powrotem.

Raz po raz w trakcie lizania lub ssania łechtaczki mężczyzna może delikatnie wsunąć jeden albo dwa palce do pochwy partnerki i powoli je wsuwać i wysuwać. To może jej przeżycia wzbogacić o więcej rozkoszy. Sięgając w nią w ten sposób, mężczyzna może stymulować inny obszar, przez niektórych seksuologów zwany punktem G, umiejscowiony mniej więcej pięć centymetrów do wewnątrz i ku przodowi pochwy. Pocieranie tego miejsca może wzbogacić pobudzenie kobiety o całkiem nowy wymiar.

Problem z nadmierną technicyzacją tych opisów jest taki, że ryzykujemy nadmiar „techniki" w łóżku. Czasem, kiedy mężczyźni polują na punkt G, kobieta znowu zaczyna czuć presję „gry". Ogólna wskazówka jest taka, że wystarczy pamiętać o łechtaczce.

Seks oralny dla mężczyzn

Seks oralny jest jednym z niewielu sposobów, w jaki kobieta może bezpośrednio okazać swą miłość mężczyźnie. Seks oralny może być pięknym darem jej miłości do niego, choć może też zostawić u niej poczucie dyskomfortu. Kiedy poradzimy sobie z kilkoma podstawowymi kwestiami odnoszącymi się do seksu oralnego, które absorbują kobietę, łatwiej jej będzie czerpać radość obdarzania ukochanego tym szczególnym darem.

Pierwsza kwestia to coś, co robią mężczyźni na całym świecie. Niezależnie od tego, gdzie prowadziłem seminaria, kobiety reprezentujące wiele różnych kultur niezmiennie skarżyły się na coś, czego w seksie oralnym nie lubią, w chwili gdy mężczyzna zaczyna szczytować.

Przeważnie mężczyzna z obu stron ujmuje wtedy głowę partnerki w swe ręce i mocno ją przytrzymuje. Dla kobiety to nie jest przyjemne doznanie. Dotychczas miała poczucie, że daje ukochanemu specjalny dar rozkoszy. Ale kiedy mężczyzna przytrzymuje jej głowę, wygląda to tak, jakby on to od niej brał, i przestaje być jej darem dla niego.

Jeśli mężczyzna chce, by partnerka wciąż dawała mu ten cenny dar, po prostu powinien wyciągnąć ręce wzdłuż swego tułowia i nie przytrzymywać głowy partnerki. Mężczyzna nie zna własnej siły w czasie orgazmu. To tak, jakby w nim nastąpiło wyładowanie pioruna. Dla kobiety może być to bardzo deprymujące.

Kobiety skarżą się poza tym na to, że kiedy partner przeżywa kulminację z penisem w jej ustach, oczekuje, że ona będzie połykać jego nasienie. Oczywiście, jeśli ona faktycznie je połknie, to świetnie, ale jeśli nie, mężczyzna nie powinien być rozczarowany. To jest osobista preferencja i wybór partnerki. Nie należy tego od niej wymagać.

Wobec możliwości zarażenia się wirusem HIV, obecnym w nasieniu, niektórzy eksperci uważają połykanie nasienia za wysoce ryzykowne. Mężczyzna powinien być nad wyraz wrażliwy i rozważny wobec wszelkich odczuć partnerki w tej kwestii. Jeśli jednak ona zdecyduje się połykać, o ile mężczyzna jest absolutnie zdrowy i nie jest nosicielem HIV, nie ma w tym nic szkodliwego dla zdrowia.

Jeszcze innym problemem występującym podczas seksu oralnego, mogącym sprawić kobiecie dyskomfort, jest szczękościsk. Kiedy kobieta trzyma w ustach penis mężczyzny, ssąc go i jednocześnie suwając w górę i w dół, po pewnym czasie jej szczęka zmęczy się i zacznie boleć. Wówczas mężczyzna jęczy z rozkoszy, a kobieta — z bólu!

Seks oralny może być bezbolesny

Seks oralny każdorazowo powinien być dla kobiety pozytywnym przeżyciem. Nie ma powodu, aby cierpiała, zadowalając partnera. A może to być łatwe. U mężczyzn istnieje rodzaj automatycznego mechanizmu, który może kobiecie znacznie pomóc.

Niemal w tym samym czasie, kiedy jej szczęka zaczyna się męczyć i boleć, prawie każdy mężczyzna odchyla głowę do tyłu, zamyka oczy i z błogością odrzuca głowę z boku na bok. Kiedy kobieta to zauważy, może przestać obejmować penis ustami, dać odpocząć swej szczęce i w zamian posłużyć się ręką. Ukochany się nie zorientuje.

Po jakimś czasie zauważy, że coś się zmieniło i spojrzy, żeby zobaczyć, co robi partnerka. W tym momencie ona może ponownie włożyć penis do ust, a mężczyzna będzie mógł wrócić wtedy do swego niebiańskiego przeżycia. Po pewnym czasie zacznie doceniać także to wszystko, co partnerka może dla niego zrobić ręką.

Tarcie i uciskanie

Istnieją dwa sposoby stymulacji penisa: tarcie i uciskanie. Tarcie polega na pocieraniu w górę i w dół, uciskanie zaś — na trzymaniu penisa i naprzemiennym jego ściskaniu i puszczaniu. Mężczyznę tak samo ekscytują wykonywane przez partnerkę suwy w górę i w dół, jak i wykonywane przez nią „pompowanie", czyli naprzemienne ściskanie i puszczanie penisa.

Mężczyznę z reguły bardzo satysfakcjonuje wszystko, cokolwiek kobieta zrobi, stymulując jego penis, lecz są takie ruchy, które mogą go doprowadzić do szaleństwa rozkoszy. W czasie gdy kobieta relaksuje swą szczękę, może przystąpić do standardowych ruchów ręką w górę i w dół.

W górę i w dół, na czubek, uciskać i odpuszczać

Po jakimś czasie kobieta może zacząć modyfikować ruchy, siłę nacisku, chwyt i rytm. Może wtedy zaprzestać suwów w górę i w dół i przesunąć rękę na czubek penisa, nakrywając go pełną dłonią. Potem, zamiast znowu suwać w dół, wodzi nią na górze, po czym przenosi się na dół z drugiej strony. Potem znowu do góry i powtarza to przez jakiś czas.

Następnie, kiedy rośnie rozkosz partnera, ona może już tylko trzymać penis i wielokrotnie go ściskać i puszczać. Potem może zacząć wszystko od nowa i objąć penis ustami, dla jego ochrony osłaniając swe zęby wargami, i zacząć ssać, jednocześnie poruszając ustami na trzonie, od góry do dołu.

Przez jakiś czas kobieta może wolno poruszać ustami, a potem•przyspieszyć. Przy ruchach ust z góry w dół może jednocześnie ręką chwycić penis wokół podstawy. Kiedy kobieta unosi głowę, jej dłoń może też wędrować do góry, a kiedy następnie dłoń opada, usta mogą też iść do dołu.

I znowu podczas relaksowania szczęki kobieta może zastosować szybkie ruchy góra-dół, bez większego nacisku. Taki szybki ruch może mężczyźnie pomóc kontrolować wytrysk, bo jest mniej intensywny niż stosunek w pochwie.

Jeśli kobieta chce powiększyć tę intensywność, może mocniej uciskać penis przy ruchach góra-dół. Inny sekret polega na stałym zwilżaniu go śliną. Podobnie jak mężczyzna nie powinien stymulować suchej łechtaczki, kobieta z kolei powinna dbać o utrzymywanie wilgotności penisa, zwilżając go własną śliną, żeby go nie poocierać.

Innym podstawowym ruchem, jaki kobieta może zastosować wraz z ruchami typu góra-dół, jest ruch sprzęgający. Trzymając penis i wykonując obroty nadgarstka w tę i z powrotem, kobieta może dać partnerowi jeszcze inne doznanie. Może połączyć ten sprzężony ruch obrotowy z ruchami góra-dół. W efekcie powstaje obrót skrętny w jedną stronę, kiedy suwa w górę, a potem powrotny skręt, kiedy suwa w dół.

Trzymając penis u góry, kobieta może dać ukochanemu jeszcze inne unikatowe przeżycie. Może sobie wyobrazić, że otwiera słoik. Wykonując ten sam rodzaj ruchu skrętnego, daje partnerowi nowy rodzaj stymulacji. Wszystkie te zróżnicowane ruchy i chwyty zapewniają jemu narastającą stymulację, ale są przyjemną zabawą także dla niej.

Rozszerzanie rozkoszy

Po dłuższej stymulacji penisa całe ciało mężczyzny staje się bardzo wrażliwe na doznania zmysłowe. Aby zwiększyć jego rozkosz, kobieta może wtedy przystąpić do rozszerzania jej na całe ciało partnera.

Kiedy stymulowany jest penis, całe ciało mężczyzny bardziej się pobudza i pragnie pieszczot. Trzymając w dłoni penis i ściskając go, kobieta może jednocześnie zacząć lizać jądra ukochanego. Tym może go doprowadzić do szaleństwa.

Potem kobieta może zechce go uspokoić przez powolne lizanie od góry do dołu całego penisa w erekcji. Tym sposobem kobieta może ostudzić energię mężczyzny, a mimo to wciąż dawać mu ogromną rozkosz.

Trzymając penis mocno w dłoni, kobieta może raz po raz unieść głowę i lizać całe ciało ukochanego, delikatnie kąsając jego brodawki, a w końcu pocałować partnera, głęboko i namiętnie.

Przez jakiś czas zdecydowanie warto też stymulować inne miejsce, mianowicie koronę główki penisa. Kobieta może ją lekko i szybko stymulować w mniej więcej podobny sposób, jak chciałaby, by mężczyzna dotykał i lizał jej łechtaczkę. Potem może się zdecydować na zmianę i zintensyfikować nacisk.

Podobnie jak mężczyzna potrzebuje sprzężenia zwrotnego, potrzebuje go też kobieta. Kiedy robi coś, co jej partnerowi szczególnie odpowiada, dobrze będzie, jeśli powie jej: „Takie ruchy naprawdę lubię". Różne odgłosy świadczące o jego zadowoleniu także mogą jej dać znać, co jemu się najbardziej podoba.

Kolejnym bardzo wrażliwym miejscem jest krocze, okolica w połowie drogi między podstawą penisa a odbytem. To miejsce posiada zakończenia nerwów całego ciała. Kiedy się je delikatnie liże, pociera albo zdecydowanie naciska, można dać mężczyźnie całkiem nowy rodzaj rozkoszy.

Kiedy mężczyzna jest bardzo podekscytowany, kobieta może zintensyfikować jego rozkosz oraz zapewnić mu większe panowanie nad sobą przez mocny ucisk wewnętrzną powierzchnią dłoni na całe krocze. Takie przyłożenie dłoni, kiedy mężczyzna jest bliski orgazmu, może być dla niego niewiarygodnie satysfakcjonujące.

Używając zróżnicowanego nacisku i na przemian to intensywnych, to lekkich ruchów, kobieta może „podbudować" energię mężczyzny, a następnie pozwolić jej się ustabilizować. Za każdym razem, kiedy będzie ją ponownie wzmagała, jego rozkosz będzie coraz większa.

Równoczesny seks oralny

Chociaż kobiety lubią seks oralny, mężczyźni lubią go jeszcze bardziej. Także równoczesny seks oralny jest dla większości mężczyzn bardzo ekscytujący. Choć z całą pewnością miło to robić, to trzeba przypomnieć mężczyznom, że zwłaszcza kobiecie, która wiele daje z siebie w życiu, trudno jest jednocześnie dawać i brać. Aby mogła naprawdę cieszyć się braniem, najlepiej jak się skoncentruje na sobie, a nie na rozkoszy partnera. Równoczesny seks oralny nie zawsze będzie tak ekscytujący dla kobiety, jak dla mężczyzny. Seks oralny czasami jest dla kobiety zbyt „intensywny", choć kiedy indziej może jej to odpowiadać. Aby ona mogła się cieszyć darem seksu oralnego, musi być na to przygotowana. Partner nie powinien przystępować do seksu oralnego za każdym razem. Powinien pamiętać, że dla kobiety bardzo ważne jest urozmaicenie.

Seks oralny bardzo mężczyznę podnieca i jest dla niego ważny; dla kobiety równie ekscytujący jest romantyzm. W seksie oralnym mężczyzna się rozluźnia do kochania, kiedy jest najbardziej uległy. To dla niego czas otrzymywania, po wszystkich jego wysiłkach, by dawać. Na tej samej zasadzie romantyzm to jest coś, co mężczyzna może dać kobiecie, by poznała, że ją kocha i docenia jej starania.

W następnym rozdziale zbadamy różne erotyczne rytuały dla zapewnienia romantyzmu.

ROZDZIAŁ TRZYNASTY

MAGIA WIECZNIE ŻYWEGO ROMANTYZMU

Podczas gdy mężczyźni łakną udanego seksu, kobiety tęsknią do romantyzmu. Nawet zdroworozsądkowa, zorientowana na realne cele, przebojowa kobieta-szef przykłada wielką wagę do romantyzmu. Romantyzm ma dla kobiet magiczne znaczenie.

Rok w rok kobiety wydają miliardy dolarów na romanse. Aby zaspokoić kobiecą potrzebę romantyzmu, mężczyzna musi najpierw zrozumieć, czym jest romantyzm. Dawanie jej kwiatów i małych prezencików, noce w świetle księżyca, spontaniczne decyzje, zaproszenia do restauracji — wszystko to czar romantyzmu.

Nie chodzi o to, że mężczyźni są niechętni stwarzaniu romantycznej atmosfery. Mężczyzna po prostu nie pojmuje, dlaczego to jest takie ważne. Na początku jest romantyczny, aby pokazać ukochanej, że dla niego jest kimś wyjątkowym, ale po dłuższym czasie nie rozumie, dlaczego musi wciąż zachowywać się romantycznie. Zapewne gdyby był świadkiem, jak jego ojciec był romantyczny względem jego matki, nie musiałby tej umiejętności dopiero się uczyć.

Magia bukietu kwiatów

Pamiętam, że poprosiłem kiedyś żonę, żeby sobie wybrała jakieś kwiaty w supermarkecie. Wiedziałem, że kobiety lubią cięte kwiaty, ale zastanawiałem się, czemu ja miałbym je wciąż przynosić. Pomyślałem sobie, że przecież żona może je sobie kupić bez problemu, robiąc zakupy.

Dla niej tego rodzaju rozumowanie było całkowicie pozbawione romantyzmu. Dzięki temu, że ostatecznie odkryłem, jak ważne jest kupowanie kwiatów dla żony, potrafiłem zrozumieć wagę wszelkich romantycznych gestów.

Aby się czuć romantycznie, kobieta nie chce sama kupować sobie kwiatów. Pragnie, by zrobił to jej ukochany. Ona nawet nie chce go o to prosić. Jeśli musi prosić, to nie jest romantyczne.

Jeśli on z własnej woli kupuje dla niej bukiet kwiatów, daje znak, że zależy mu na niej i że rozumie jej potrzeby. Tego rodzaju znaki są bardzo istotnym elementem romantyzmu.

Jeśli on z własnej woli kupuje dla niej bukiet kwiatów, daje znak, że zależy mu na niej i że rozumie jej potrzeby.

Kobieta nie chce rośliny w doniczce, ale cięte kwiaty, które zwiędną za pięć dni. Dlaczego cięte kwiaty? Żeby za pięć dni mężczyzna mógł znowu udowodnić miłość do niej, przynosząc nowy bukiet!

Kupienie rośliny doniczkowej nie jest romantyczne. To kolejna rzecz, o którą kobieta będzie musiała dbać.

Jak kobieta może mężczyźnie pomóc być romantycznym

Kiedy zapominam kupić kwiaty, Bonnie czasami mi o tym przypomina. Zamiast kupić je sama albo prosić mnie o to, ustawia puste wazony. Tym sposobem ja zauważam moje zapomnienie, a potem cała zasługa przyniesienia bukietu spada na mnie.

Nie tylko ja czuję się uroczy i z fantazją, ale Bonnie też czuje, że o nią dbam. Jeśli ustawi wazon, a ja i tak zapomnę, zamiast sama kupić kwiaty, czasami mnie o to prosi.

Choć wtedy już nie jest tak romantycznie, żona może podziwiać kwiaty, a ja czuję się jej bliższy, bo to ja je zdobyłem. I znowu, przekonawszy się, jak ją cieszą kwiaty, na ogół pamiętam, by je kupować.

Dlaczego romantyzm działa

Kiedy mężczyzna planuje wspólne wyjście, załatwia bilety, występuje w roli szofera i dba o wszystkie drobne szczegóły — to jest romantyzm. Kiedy mężczyzna bierze na siebie starania o takie rzeczy, kobieta może się zrelaksować w poczuciu, że ktoś się o nią troszczy. Dla niej to są jakby miniwakacje, pomagające jej powrócić do kobiecości.

Romantyzm jest niczym miniwakacje, pomagające kobiecie powrócić do jej kobiecości.

Romantyczne chwile są szczególnie pomocne dla kobiet, którym niełatwo przychodzi dzielenie się własnymi uczuciami. Na romantycznej randce nie musi mówić o swych uczuciach, ale czuje się uznawana, podziwiana, rozumiana i wspierana. Uzyskuje to, choć nie musi nic mówić.

Romantyczne zachowanie mężczyzny mówi jej, że on ją afirmuje i, uprzedzając jej potrzeby, sygnalizuje, że ją rozumie i szanuje. Tego rodzaju działania dają kobiecie tego samego rodzaju wsparcie co rozmowa. W obu przypadkach ma poczucie, że została wysłuchana.

Dlaczego romantyzm jest ważny

Romantyzm jest obecnie tak ważny, ponieważ pomaga kobiecie powrócić do jej kobiecości. Przez większą część dnia kobieta wykonuje tradycyjnie męskie zajęcia, które wymagają, by „przesunęła" się bardziej ku męskiemu pierwiastkowi.

Aby poczuć ulgę, kobieta potrzebuje pomocy partnera, by powrócić do swej kobiecości.

Romantyzm wyraźnie lokalizuje kobietę w tej kobiecej roli jako kogoś wyjątkowego i otaczanego opieką. Kiedy mężczyzna z pasją koncentruje się na zaspokajaniu jej potrzeb, kobieta jest w stanie wyzbyć się swej skłonności do opiekowania się innymi. Aby jednak romantyzm pozostał żywy, bezwzględnie potrzebne jest dobre porozumienie.

Romantyzm i porozumienie

Aby romantyzm kwitł, kobieta musi czuć, że została wysłuchana i zrozumiana. Na początku związku kobieta jeszcze dobrze nie zna mężczyzny i może sobie wyobrażać, że on ją doskonale rozumie i ceni. To pozytywne uczucie jest płodnym gruntem dla romantyzmu i namiętności. Jednak po kilku rozczarowaniach ów magiczny urok pryska.

Kiedy mężczyzna nie potrafi słuchać i nie rozumie kobiety albo kiedy kobieta nie dzieli się z nim naturalnie pojawiającymi się uczuciami, w istocie czuje się nie zrozumiana i urażona. Na ogół nawet nie wie, co się dzieje. On może wykonywać romantyczne gesty, ale nie ma w nich tej samej magii. Nawet bukiet kwiatów straci swą moc, jeśli kobieta nie czuje się wysłuchana na co dzień.

Rozmowa jest główną kobiecą potrzebą. Szerzej rozwijam ten aspekt sztuki miłosnej w innych moich książkach na temat porozumienia w związku. Stwarzanie romantycznych rytuałów, które mówią: „Kocham cię i zależy mi na tobie", może jednak doskonale komunikować miłość bez słów. Romantyzm wspiera i znacznie ułatwia porozumienie.

Tworzenie romantycznych rytuałów

W naszym związku z Bonnie mamy szereg rytuałów, które „odżywiają" jej kobiecość, jednocześnie wspierając moją męskość. Romantyczne rytuały są prostymi czynnościami, które potwierdzają, że on się o nią troszczy, a ona go docenia. Oto przykład.

Romantyczne rytuały są prostymi czynnościami, które potwierdzają, że on się o nią troszczy, a ona go docenia.

Jako pisarz pracuję w domu. Kiedy w ciągu dnia słyszę, że Bonnie wraca do domu, natychmiast przerywam pracę i idę do niej. Witając się z nią, biorę ją w objęcia. Podobnie jak przynoszenie kwiatów, ten mały rytuał stwarza poczucie, że troszczę się o nią i że ona jest kochana. Kiedy Bonnie się rozpromienia po takim powitaniu, ja też czuję się kochany i doceniany.

Jeśli zapomnę ją przywitać, ona mnie szuka, nie zawsze od razu, i wita się ze mną, prosząc o przytulenie, a kiedy to robię, naprawdę to docenia.

Dla wielu kobiet myśl, że musiałyby prosić o przytulenie, wydaje się paradoksalna. W objęciach mężczyzny ona znajduje oparcie. Jeśli musi prosić o przytulenie, to dowodzi, że nie ma tego oparcia. Oczywiście, bardziej romantycznie jest wtedy, gdy mężczyzna sam z siebie ofiaruje jej swe ramiona, ale jeśli zapomni, lepiej go poprosić niż to stracić i mieć za złe.

Bardziej romantycznie jest wtedy, gdy mężczyzna sam z siebie ofiaruje jej swe ramiona, ale jeśli zapomni, lepiej go poprosić niż to stracić i mieć za złe.

Prośba o miłość: wielki krok

Pamiętam, kiedy Bonnie pierwszy raz poprosiła, żebym ją przytulił. To miało ogromny wpływ na nasz związek. Zamiast mieć mi za złe, że nie biorę jej w ramiona, Bonnie zwyczajnie o to poprosiła.

To był wielki dar jej miłości dla mnie. Bonnie zaczęła rozumieć, że najlepiej okazuje mi swą miłości wtedy, gdy pomaga mi ją kochać. To jest bardzo ważny element sztuki miłosnej.

Do dziś pamiętam ten dzień, w którym pierwszy raz poprosiła, bym ją przytulił. Przebierałem się w garderobie, a ona ciężko wzdychała, wyczerpana. „Co za dzień" — powiedziała. Potem wzięła głęboki wdech i wypuszczając powietrze z płuc, przeciągle westchnęła. W jej języku była to prośba o to, bym ją wziął w objęcia. Ja natomiast usłyszałem w tym ton zmęczenia osoby, która — jak błędnie zakładałem — chce, by ją zostawiono w spokoju.

Zamiast się na mnie zżymać, że nie rozumiem i nie reaguję na jej prośbę, Bonnie zrobiła wielki krok: poprosiła o to, czego pragnęła, choć dla niej to było takie oczywiste.

„John, czy mógłbyś mnie przytulić?" — spytała.

„Oczywiście" — odpowiedziałem natychmiast i od razu podszedłem do niej i mocno ją przytuliłem.

Bonnie znowu ciężko westchnęła w moich ramionach, a potem podziękowała za przytulenie.

„Kiedy tylko zechcesz" — powiedziałem.

Ona dziwnie się uśmiechnęła.

„O co chodzi?" — spytałem.

„Nie masz pojęcia, jak trudno mi było poprosić cię o przytulenie" — powiedziała.

„Naprawdę? — spytałem. — Czemu to miałoby być takie trudne? Zawsze chętnie cię przytulę, kiedy tylko zechcesz".

„Wiem — powiedziała Bonnie — ale czuję się taka poniżona, że muszę o to prosić. Czuję się tak, jakbym żebrała o miłość. Pragnę czuć, że ty chcesz mnie przytulić równie mocno, jak ja tego chcę. Mam takie romantyczne przekonanie, że sam zauważysz, kiedy potrzebne jest mi przytulenie, i od razu mi to zaproponujesz".

„Ach tak — powiedziałem — od dziś będę się bardzo starał to zauważyć i proponować ci przytulenie. I naprawdę ci dziękuję, że o to poprosiłaś. Jeśli w przyszłości nie zauważę, mam nadzieję, że mi znowu przypomnisz".

Afirmuj ją, kiedy oddala się od ciebie

Właśnie dziś rano zauważyłem, że moja żona jakby się ode mnie oddaliła. Zamiast zapewnić jej mnóstwo przestrzeni albo ją zignorować, od razu spytałem, jak się czuje. To jest kolejny ważny rytuał.

„Dobrze się czujesz?" — spytałem.

„Czuję się trochę samotna — odparła Bonnie. — Jak żona pisarza".

Zamiast potraktować to jako wstęp do kłótni na temat tego, jak wiele czasu spędzam na pisaniu kosztem naszego związku, usłyszałem to, co Bonnie naprawdę mówiła. Po prostu czuła się samotna. Nie miała na myśli nic więcej poza tym, że marzy o przytuleniu. Zatem, zamiast się bronić, powiedziałem gorliwie: „Och, chodź do mnie... chcę cię przytulić".

Wyjścia do lokalu

Ta sama zasada, proszenia o to, czego pragniesz, stosuje się do wszystkich romantycznych rytuałów. Kiedy Cindy jest zmęczona, jej mąż, Bob, proponuje, że ugotuje obiad, albo zaprasza ją do restauracji. Jeśli Bob niczego nie zauważa albo niczego nie proponuje, Cindy pyta: „Bob, czy moglibyśmy pójść dziś wieczorem do restauracji?" albo „Bob, czy nie kupiłbyś czegoś na wynos i nie przyniósł na wieczór do domu?", albo „Bob, czy nie przygotowałbyś dziś kolacji?"

Sztuczka w tym rytuale polega na tym, że po posiłku w lokalu Cindy zawsze dziękuje Bobowi za świetną kolację. Choć płacili za nią *ich* pieniędzmi, ona dziękuje jemu. Jeśli on przynosi jedzenie do domu, ona tak samo wyraża swoje uznanie, jak wtedy, gdy Bob sam przygotuje posiłek.

Zamawianie dań

Inny rytuał podczas posiłku w lokalu polega na tym, by mężczyzna zapytał kobietę, co zamierza zamówić, i kiedy zjawi się kelner, zamówił to dla niej. Choć mężczyzna nie zawsze to musi robić, kiedy to zrobi, kolacja ma szczególny charakter. Kobieta dostrzega, że partner o nią zabiega, pamięta, co ona lubi, i dba o nią.

Kiedy on zamawia dania dla niej, nie oznacza to, że ona nie może zamówić sama. To, iż on zamawia dla niej, jest romantycznym rytuałem, który oznacza: „Ty zawsze tyle robisz dla mnie i dla innych, więc teraz ja chcę coś zrobić dla ciebie".

Mężczyzna może w jeszcze inny sposób stworzyć trochę romantyzmu w restauracji, proponując partnerce dania, o których wie, że ona je lubi. To umacnia ją w przekonaniu, że jest dostrzegana, wysłuchiwana i że on ją dobrze zna. Paradoksalnie, jeśli kobieta poleca jakieś potrawy mężczyźnie, on może czuć, że mu matkuje, a to nie jest romantyczne. To, co może być romantyczne dla niej, nie jest romantyczne dla niego.

Jak mężczyźni sobie przypisują zasługi

Kobieta wniesie trochę romantyzmu, kiedy jedząc kolację w lokalu, będzie dobrze się bawić i pochwali jedzenie i restaurację. Kiedy mężczyzna zaprasza ją do lokalu, na płaszczyźnie emocjonalnej będzie chciał przypisać sobie wszystkie zasługi. Jeśli potrawy partnerce smakują, on myśli: „To ja przygotowałem tę kolację".

Kiedy mężczyzna zaprasza kobietę do lokalu, ona ma wymarzoną okazję sprawić, aby on też poczuł się kimś wyjątkowym. Kiedy ona docenia to, co on jej zapewnia, partner czuje jeszcze większą intymną bliskość.

Kiedy idą razem do kina, i film jej się podoba, wówczas mężczyzna także po części sobie przypisuje zasługę. Myśli: „To ja napisałem scenariusz, wyreżyserowałem film i w nim zagrałem". Oczywiście wie, że nie jest twórcą tego filmu, ale emocjonalnie czuje się tak, jakby nim był.

Aby podtrzymywać romantyzm, kobieta powinna okazywać wrażliwość na uczucia mężczyzny wtedy, gdy film jej się nie podobał. Nie powinna szczegółowo rozwodzić się nad tym, co się jej nie podobało. Mężczyzna czuje się najbardziej romantycznie wtedy, gdy ma przekonanie, że udało mu się uszczęśliwić partnerkę.

Koncentrowanie się na tym, co dobre

Nieraz mężczyzna wyczuwa, że film się jej nie podobał, i żeby się upewnić, pyta: „Podobał ci się film?" Wcale nie pragnie usłyszeć wnikliwej wypowiedzi o filmie, ale jakiś miły i sympatyczny komentarz, aby nie miał wrażenia, że zepsuł wieczór.

Aby go wesprzeć w takich pełnych niepewności i kłopotliwych momentach, ona powinna się skoncentrować na pozytywach i poszukać tego, co było dobre albo co uznaje za dobre. Może przez chwilę milczeć, aby dać mu do zrozumienia, że usilnie szuka słów, aby powiedzieć coś dobrego o filmie. Im dłużej to trwa, tym lepiej on będzie wiedział, że film jej się nie podobał, i tym bardziej doceni to, że ona nie narzeka. Po chwili milczenia kobieta mimo wszystko może być szczera, lecz nie powinna krytykować. Może powiedzieć np.: „Świetna była ta scena o zachodzie słońca. Naprawdę piękne zdjęcia".

Nawet jeśli w filmie nie było absolutnie nic ciekawego, kobieta może powiedzieć: „Nie wiem, czy kiedyś już widziałam tego rodzaju film". Mężczyzna od razu pojmie, w czym rzecz, i zmieni temat.

Ona może też powiedzieć tak: „Mnie wystarczyło to, że byłam z tobą". Partner z całą pewnością to doceni.

Jej będzie łatwiej postarać się o takie afirmujące go komentarze, kiedy zrozumie, że w rzeczywistości partner prosi ją o to, by mu pomogła wyjść z tego z twarzą.

Podobnie jak drobne prezenty i czułość mężczyzny sprawiają, że kobieta czuje się kochana i romantyczna, tak samo kiedy kobieta docenia starania mężczyzny i to, co jej zapewnia, on też czuje się bardziej kochany i usposobiony romantycznie.

Zwracanie uwagi na takie drobne rzeczy stwarza trwały romantyzm. Kiedy mężczyzna i kobieta traktują siebie nawzajem jako coś oczywistego, romantyzm zanika.

Niektórych rzeczy lepiej nie mówić

Kiedy podczas jednego z moich seminariów omawiałem przykład z filmem, jedna z kobiet powiedziała: „W moim przekonaniu to po prostu nie jest uczciwe. Dlaczego nie mogę mu tego zwyczajnie powiedzieć?"

„Rozumiem pani frustrację — odpowiedziałem — ale żebym pomógł pani zrozumieć tę sytuację, proszę mi pozwolić zadać jedno pytanie".

Ona się uśmiechnęła i skinęła głową.

Spytałem ją: „Co mężczyzna powinien powiedzieć, kiedy jego żona ubiera się i, patrząc w lustro, pyta: «Czy twoim zdaniem robię się gruba?»" Seminarzystka roześmiała się i przyznała, że teraz wie, o co chodzi.

Pewnych rzeczy lepiej po prostu nie mówić, zwłaszcza w drażliwych momentach. Mężczyźni i kobiety mają skłonność do braku wrażliwości dlatego, że instynktownie nie rozumieją swej odmiennej wrażliwości. Mężczyzna może pomyśleć: „Dlaczego mam jej wciąż przynosić kwiaty czy przepuszczać pierwszą w drzwiach", kobieta zaś może pomyśleć: „Dlaczego mam zachwycać się tym, co on robi?" Kiedy wzajemnie lepiej się rozumiemy, te drobne rytuały stają się zabawą i przynoszą radość, a także — co najważniejsze — są wyrazem czułości, sympatii i troski.

Kiedy wzajemnie lepiej się rozumiemy, drobne rytuały stają się zabawą i przynoszą radość, a także — co najważniejsze — są wyrazem czułości, sympatii i troski.

Jak uratować randkę

Jeśli kobieta nie rozumie tej delikatnej kwestii, podczas randki łatwo może zrazić partnera, w ogóle sobie tego nie uświadamiając.

Oto mamy kolejny przykład. Poszliśmy z Bonnie na naprawdę świetny film. Rzeczywiście bardzo nam się spodobał. Ale bardziej niż film pamiętam uwagę wypowiedzianą po seansie przez kobietę wychodzącą z kina.

Partner właśnie spytał ją, jak jej się podobał film. Ona odparła, że był okropny. Obserwowałem, jak ten mężczyzna się skurczył w sobie, a następnie spytał: „Co chciałabyś teraz robić?" A ona odpowiedziała: „Chciałabym stanąć przed tym kinem i powiedzieć wszystkim, że film był okropny". Do dziś pamiętam wzrok tamtego gościa.

Jego towarzyszka nie miała najmniejszego pojęcia, że zniszczyła szansę na romantyczny wieczór. On z pewnością długo się będzie wahał, zanim kiedykolwiek wybierze się z nią na jakikolwiek film.

Mówienie prawdy

Mówienie prawdy jest w związku sprawą zasadniczą dla intymności i romantyzmu, ale równie ważny jest wybór odpowiedniego momentu na szczerość. Romantyzm stwarza wymóg mówienia prawdy we właściwym czasie i w sposób, który nie obraża, nie rani ani nie napawa drugiej strony goryczą.

Mówienie prawdy jest w związku sprawą zasadniczą dla intymności i romantyzmu, ale równie ważna jest odpowiednia pora.

Udane romantyczne rytuały zapewniają zarówno mężczyźnie, jak i kobiecie potrzebne im wsparcie emocjonalne, aby mogli być bardziej szczerzy, zwłaszcza w sprawach istotnych. Kiedy mężczyzna czuje się doceniany, łatwiej wysłucha partnerki i zareaguje z miłością na jej uczucia i potrzeby. Kiedy nie czuje się doceniany, słuchając o jej problemach, ma poczucie, że partnerka twierdzi, iż on nie robi dla niej dostatecznie dużo.

Udane romantyczne rytuały zapewniają zarówno mężczyźnie, jak i kobiecie potrzebne im wsparcie emocjonalne, aby mogli być bardziej szczerzy, zwłaszcza w sprawach istotnych.

Słuchanie o tym, co kobieta czuje, jest dla mężczyzny nową umiejętnością. Tradycyjnie od mężczyzn nie oczekiwano, by słuchali, wczuwając się w kobiece uczucia. Jeśli ona była zdenerwowana, on miał „coś z tym zrobić" albo „jakoś to załatwić", aby ona poczuła się lepiej. Kobieta potrzebująca współczucia, aby uzyskać wsparcie emocjonalne nie rozmawiała z mężczyzną — szła do innej kobiety. Do niedawna kobiety nawet nie chciały rozmawiać z mężczyznami o swych uczuciach.

Dlaczego rozmowa sprzyja romantyzmowi

Dziś kobiety nie mają dla siebie czasu. W różnym stopniu także czują się przytłoczone ogromem swych obowiązków. Wobec braku wsparcia u innych kobiet i konieczności rzeczowej i konkretnej rozmowy w pracy, wiele współczesnych kobiet nie tylko czuje „głód" podzielenia się swymi uczuciami u schyłku dnia, ale one wręcz „padają z tego głodu". Ten nowy dylemat, niczym sztuka magiczna, może się stać wyśmienitą okazją sprzyjającą romantyzmowi.

Jak już mówiliśmy, mężczyźni chcą się czuć potrzebni i doceniani. To jest ich najbardziej podstawowe paliwo emocjonalne. Wtedy, gdy kobieta sama potrafi się utrzymać i zapewnić sobie byt, powstaje poważny problem. W nader realny sposób mężczyźni tracą pracę — tracą zajęcie, na które mieli wyłączność przez tysiące lat.

Jakkolwiek kobiety już nie są zależne od mężczyzn w kategoriach ekonomicznych i bytowych, nagle wyłania się nowa potrzeba: kobieta potrzebuje mężczyzny, z którym można porozmawiać, partnera, który szczerze się o nią troszczy i jej wysłucha. Kobieta czuje potrzebę porozumienia i bycia wysłuchaną po całym dniu.

Znaczenie porozumienia

Jeszcze zanim doceni romantyczny gest, kobieta czasami czuje potrzebę porozumienia i bycia wysłuchaną. Jak seks zespala mężczyznę z jego uczuciami, tak porozumienie zespala kobietę z jej potrzebą romansu i jego afirmacji.

Jak seks zespala mężczyznę z jego uczuciami, tak porozumienie zespala kobietę z jej potrzebą romansu i jego afirmacji.

Od dwudziestu lat brak porozumienia w intymnym związku stanowi główną skargę kobiet. Powód jest prosty: przepracowane kobiety czują większą potrzebę rozmowy o swych uczuciach, aby z powodzeniem radzić sobie z przytłaczającym je stresem.

Przepracowane kobiety czują większą potrzebę rozmowy o swych uczuciach, aby z powodzeniem radzić sobie z przytłaczającym je stresem.

Nauczywszy się zaspokajać tę nowo powstałą potrzebę rozmowy z partnerem, mężczyzna jest znowu w siodle i może zabiegać o swą partnerkę w nowy, równie ważny sposób. Stopniowo ucząc się słuchać, mężczyzna pomaga kobiecie uwolnić się od poczucia przytłoczenia i daje jej powód, by go doceniała.

Otwieranie drzwi samochodu

Poprzez romantyczne rytuały czy zwyczaje najłatwiej wyrazić prawdę o swoich najgłębszych uczuciach. Otwieranie samochodu dla partnerki jest kolejnym tego typu rytuałem. Zwłaszcza mężczyźni w ten sposób okazują miłość. Kiedy kobieta doceni jego starania, on nie tylko poczuje się jej bliższy, ale także jej serce zacznie się otwierać.

Poprzez romantyczne rytuały czy zwyczaje najłatwiej wyrazić prawdę o swoich najgłębszych uczuciach.

Kiedy para wyrusza na randkę, mężczyzna powinien podejść do samochodu od strony pasażera i otworzyć drzwi — nawet jeśli samochód ma automatyczny centralny zamek ze zdalnym sterowaniem. Jeśli mężczyzna zapomina to zrobić, następnym razem ona może mu przypomnieć: kiedy zbliżają się do samochodu, może po prostu wsunąć rękę pod jego ramię, tak żeby on niejako naturalnie podprowadził ją do drzwi samochodu.

Nawet jeśli on zawsze otwiera dla niej drzwi, kobiecy akt przytulenia się do mężczyzny i wsunięcia ręki pod jego ramię jest bardzo ożywczy zarówno dla niej, jak i dla niego.

Zanotuj to

Inny romantyczny rytuał polega na zanotowaniu prośby. Kiedy kobieta o coś prosi, a mężczyzna nie może od razu zareagować, najlepiej będzie, jeśli ona dopilnuje, by on to zanotował. Jeśli on nie notuje, kobieta ma przekonanie, że sama musi o tym pamiętać i wielekroć mu przypominać. Dla kobiety romantyczny jest taki mężczyzna, który jej wysłuchuje i szybko reaguje na prośby, albo przynajmniej je zapisuje. Tego rodzaju bezpośrednia reakcja przekonuje ją, że on o niej myśli. Podobnie jak mężczyźni lubią, by kobiety reagowały w łóżku, tak kobiety lubią, by mężczyźni reagowali na prośby.

Podobnie jak mężczyźni lubią, by kobiety reagowały w łóżku, tak kobiety lubią, by mężczyźni reagowali na prośby.

Jeśli tylko spełnienie jej prośby jest możliwe od razu, w ciągu kilku minut, najlepszy sposób zapewnienia trwałego romantyzmu polega na tym, by mężczyzna zrobił to zaraz. Niezwłoczna reakcja jest dla kobiety nader pożądana. Kiedy ona mówi na przykład: „Żarówka się przepaliła", on może pomyśleć: „To zajmie ci tylko dwie minuty, zrób to zaraz", a potem powiedzieć: „Już ją wymieniam". Zanim zrozumiałem, że dla kobiety właśnie takie drobne rzeczy mają wielkie znaczenie, umieściłbym tę sprawę na samym końcu listy moich zadań, bo pozostałe żarówki świeciły normalnie. I zabrałbym się do tego dopiero za jakiś czas.

Mężczyźnie rzeczywiście wystarczą dwie minuty na to, by wziąć nową żarówkę i ją wkręcić. Kiedy kobieta prosi o coś tak błahego, mądry mężczyzna reaguje natychmiast. Ona to uwielbia.

Nie chcę przez to sugerować, że mężczyźni powinni wręcz w pełnej gotowości oczekiwać na wszelkie życzenia kobiet. Oczywiście, mężczyzna może być bardzo zajęty albo zmęczony, i tak samo musi zajmować się swoimi sprawami, jak jej sprawami. Jeśli ona powie, że na podwórku jest bałagan, on nie musi zrywać się na równe nogi i przystępować do porządków. Na spełnienie tego rodzaju prośby potrzeba wielu godzin. To można zostawić „na później".

Mężczyzna powinien wsłuchiwać się w prośby i potrzeby kobiety i według swych możliwości na nie reagować. Kobieta też kreuje romantyzm przez to, że niczego, co on dla niej robi, nie bierze za rzecz oczywistą. Z pewnością kobieta nie zawsze będzie reagować podziwem, tak jak mężczyzna nie zawsze natychmiast będzie reagował na jej życzenia, lecz dzięki świadomości działania tych podstawowych mechanizmów zawsze będą zmierzać we właściwym kierunku.

Kiedy partnerzy trenują podtrzymywanie romantyzmu, staje się to coraz łatwiejsze. Jeśli mężczyzna spodziewa się, że to, co zrobi, zostanie docenione, przystępuje do tego z większym zapałem. Kiedy kobieta spodziewa się, że on jej wysłucha i zareaguje, o wiele bardziej go docenia i łatwiej może zaakceptować jego działania, a także będzie skłonna wybaczyć mu, kiedy popełni błąd, kiedy wydaje się egoistyczny albo leniwy.

Jeśli kobieta nieustannie daje mężczyźnie odczuć, że jest fantastyczny, bo zajmuje się tymi wszystkimi drobiazgami, on będzie się nimi nadal zajmował. Da z siebie to, co w nim najlepszego. Bez wsparcia ze strony partnerki prawdopodobnie nieświadomie wróciłby do koncentrowania się na wielkich sprawach, takich jak zarabianie pieniędzy i utrzymanie rodziny na odpowiednim poziomie. Kiedy dla kobiety zajmuje się też drobiazgami, ona ma możliwość wciąż od nowa czuć jego miłość. Kobieta zapewne go kocha, ale jeśli on nie zajmuje się tymi sprawami, trudno jest jej żywić romantyczne uczucia wobec niego.

Rytuały powstają z czasem, ale jeśli za każdym razem kiedy mężczyzna wdraża się do robienia czegoś, co kobieta lubi, ona wciąż okazuje mu swój podziw, zamiast brać to za rzecz oczywistą, mężczyzna będzie miał motywację do tego, by robić jeszcze więcej.

Wspólne spacery

Jednym z romantycznych rytuałów Roberta i Cher są wspólne spacery. Cher uwielbia spacerować. Na początku ich znajomości Robert zaliczał się do pracoholików. Kiedy Cher pytała go, czy nie poszedłby na spacer, odmawiał, bo miał mnóstwo pracy.

Któregoś dnia uświadomił sobie, że spacer zajmuje ledwie piętnaście minut, a ponieważ Cher uwielbia spacerować, było to bardzo wskazane dla dobra ich związku. Robert pamiętał, że kiedy Cher była zdenerwowana, zwykle mówiła coś w stylu: „Tacy jesteśmy zajęci, że w ogóle nie mamy czasu dla siebie".

W ramach eksperymentu zaczął z nią wychodzić na krótkie spacery. Teraz przepada za nimi, choć początkowo nic mu one nie dawały. Głowę zaprzątała mu praca i związane z nią napięcia. Cher miała prawo się irytować tym, że on cały czas myśli o pracy, ale umiała cieszyć się jego towarzystwem, nic więcej od niego nie oczekując. Zadowalało ją to, że mogła mówić o tym, jak pięknie wyglądają drzewa.

Ponieważ ją to uszczęśliwiało, stopniowo Robert polubił spacery. Teraz chodzi na nie nawet sam, pod nieobecność Cher. Lubi to. To doskonały przerywnik w pracy, a po powrocie do domu jest odprężony, spokojniejszy, wydajniejszy.

Wypady z domu

Philip i Lori starają się przynajmniej raz w tygodniu „wyrwać" z domu i rozerwać się, z dala od napięć domowych i rodzinnych. Oczywiście, czasami zaliczają więcej wypadów, ale wtorkowy wieczór zawsze należy do nich.

Wtorek jest ich wieczorem kinowym. Oboje przepadają za kinem. Ponadto raz na kilka tygodni wybierają się na jakąś imprezę kulturalną, jak spektakl teatralny albo koncert.

Tego rodzaju drobne rytuały są szczególnie ważne dla kobiet, bo dają im wewnętrzne poczucie bezpieczeństwa, że we własnym związku uzyskają owo szczególne wsparcie emocjonalne, którego potrzebują, aby nie ulec przytłaczającym nas na co dzień stresom.

Spotkania w gronie kolegów

Raz na tydzień Craig wychodzi z kolegami do kina albo gdzie indziej. Na ogół chodzą na „męskie" filmy, takie, jakich jego żona, Sarah, nie lubi.

Choć pozornie tego rodzaju rytuał nie wydaje się wsparciem dla ich związku, to jednak nim jest. Przebywanie w towarzystwie kolegów powstrzymuje Craiga od oczekiwania, że całe niezbędne mu wsparcie uzyska od Sarah. Czas spędzony poza domem pomaga mu poczuć się wolnym, być sobą. W efekcie zaczyna tęsknić do żony i jeszcze bardziej pragnie z nią być.

Sarah to rozumie, ponieważ ogromnie sobie ceni wsparcie z jego strony, dzięki któremu ona może przebywać w towarzystwie koleżanek. Craig uznaje, że dla żony istotne jest zaspokajanie wielu jej potrzeb w gronie przyjaciółek.

Kiedy Craig spotyka się z kolegami, akceptacja żony sprawia, że on rzeczywiście czuje w niej oparcie. Dawniej, kiedy chciał się z nimi spotkać, czasami patrzyła na niego tak, jakby ją ranił. Teraz sama przypomina mu o spotkaniu z kolegami, jeśli on zapomni.

Rozpalanie ognia

Charley i Carol pielęgnują rytuał rozpalania ognia. Dawniej, kiedy zimą Charleyowi było zimno, po prostu zwiększał temperturę centralnego ogrzewania. Teraz najpierw idzie do żony i pyta ją, czy jest jej zimno. Sam ten fakt sprawia, że ona ma poczucie, iż jest dla niego kimś wyjątkowym.

Kiedy Charley chce stworzyć więcej romantyzmu, proponuje, że rozpali ogień w kominku. W rozpalaniu ognia przez mężczyznę dla kobiety jest coś wyjątkowego. Budzą się pewne atawizmy. Nie bez powodu w wielu kurortach w sypialni jest kominek.

Kiedy wprowadzili się do nowego domu pod lasem, Carol planowała mnóstwo przeróbek. Charley uznał wszystkie za celowe. Popierał pomysły Carol, ale wciąż myślał o tym, czego sam by chciał.

Charley chciał mieć kominek z palnikiem gazowym. Po przekręceniu gałki kominek automatycznie się rozpala, i ogień gotowy. Jednak Carol nie była zwolenniczką kominka — cudu techniki.

Kiedy Charley podał swoją propozycję, Carol z aprobatą powiedziała: „Sądzę, że to dobry pomysł. Domyślam się, czemu tego chcesz".

Po chwili Charley zaczął myśleć: „OK, ona chyba się zgodzi". Ale Carol powiedziała: „Nie wiem, co to jest, ale ze mną dzieje się coś dziwnego, kiedy ty rozpalasz dla mnie ogień. To takie atawistyczne". Ponieważ Charley zrozumiał moc takich romantycznych rytuałów, zrezygnował z kominka — cudu techniki i teraz jest z tego zadowolony.

Czasami dla stworzenia w domu romantycznego nastroju wystarcza tylko to, że Charley rozpali ogień w kominku.

Czeka na powrót Carol i wtedy przynosi większe polana. Siada przed kominkiem i roznieca duży ogień.

Ona docenia jego starania. Wie, że robi to specjalnie dla niej i że się o nią troszczy. Raz po raz Carol sama rozpala ogień, i choć jest miło, nie wywołuje automatycznie tego żaru ich romantycznych uczuć.

Kto przynosi polana

W codziennym życiu współczesna kobieta nie zna zdecydowanego uczucia, że mężczyzna się o nią troszczy. Oczywiście, on nadal wychodzi z domu i ciężko pracuje, ale ona też wychodzi z domu i też ciężko pracuje. Romantyzm jest tym wszystkim, co pozwala jej czuć, że nie jest sama i że ktoś żyje dla niej. Każdy drobiazg, który mężczyzna może zrobić bezpośrednio dla niej, mówi jej, że jemu na niej zależy i że dla niej kreuje romantyzm.

Pewnego razu Charley zlecił Jeffowi, który raz w miesiącu sprząta u nich podwórko, wnoszenie polan do domu i przygotowywanie kominka. Kiedy Charley rozpalał ogień z przygotowanych przez Jeffa polan, zauważył, że dla jego żony nie było to zupełnie to samo.

Tłumaczył sobie: „Płacę za to Jeffowi, więc to powinna być moja zasługa". Lecz z emocjonalnej perspektywy Carol fakt, że Charley płaci Jeffowi, nie miał znaczenia. Aby czuć romantyczną atmosferę, czasami kobieta chce bezpośrednio doświadczyć tego, że partner trudzi się dla niej.

To jest bardzo ważny aspekt romantycznych rytuałów. Kobiety lubią widzieć, że mężczyźni dla nich trudzą się i poświęcają. Jeśli mąż przynosi ciężkie polana i nie żałuje czasu na rozpalenie ognia, na głęboko emocjonalnym poziomie żona czuje, że on zadaje sobie trud dla jej dobrego samopoczucia, i czuje się kochana.

To jest coś zupełnie innego od tego trudu, jaki on sobie zadaje dla innych, tych, którzy mu płacą. Zarabiając pieniądze, mężczyzna na płaszczyźnie emocjonalnej swoją uwagę i siły kieruje ku ludziom, dla których pracuje i z którymi pracuje, a nie ku partnerce. By to było romantyczne, kobieta musi czuć, że mężczyzna wysila się i trudzi bezpośrednio dla niej.

By to było romantyczne, kobieta musi czuć, że mężczyzna wysila się i trudzi bezpośrednio dla niej.

Wynoszenie śmieci

Kobieta szczególnie to doceni, jeśli mężczyzna ochoczo zrobi coś, czego naprawdę nie lubi robić. Wspaniałym przykładem jest wynoszenie śmieci. Larry nigdy nie wynosił śmieci. Lecż łagodny upór Rose, by to robił, a następnie docenianie jego wysiłku, spowodowały zmianę jego postawy.

Teraz, kiedy tylko Rose wydaje się trochę „odległa" albo sfrustrowana, Larry sprawdza, czy nie trzeba opróżnić kubełka. Taka jego reakcja wynika stąd, że wielekroć przekonywał się, jak bardzo żona ceni to, że on wynosi śmieci. To nie tylko pomaga, ale także symbolizuje o wiele więcej.

Mówi, że on jest skłonny zejść z piedestału i zrobić coś dla dobra ich wspólnego życia. Mówi, że on nie jest ponad takie rzeczy, jak prace domowe. Mówi, że ona nie jest sama, a on docenia jej wysiłek i jest gotów jej ulżyć. Mówi, że jemu na niej zależy. Kiedy wraca do domu, jest gotów być dla niej „złotą rączką".

Pomoc przy zmywaniu naczyń

Na początku naszego małżeństwa powiedziałem Bonnie, że będę się głęboko angażować w wychowywanie naszych dzieci i pewne prace domowe, ale nie lubię zmywać naczyń.

Powiedziałem jej: „Nie lubię zmywać i nie chciałbym,

by ktoś z tego powodu kazał mi się czuć winnym. Jeśli ty też nie lubisz zmywać, możemy zatrudnić pomoc".

Bonnie ochoczo odpowiedziała, że będzie zmywać. Kiedy była w ciąży z naszą córką, Lauren, widziałem, że wieczorne zmywanie naczyń bardzo ją męczy. Powiedziałem Bonnie, że do końca ciąży będę zmywać, ale potem wrócimy do dawnego układu.

Co wieczór, kiedy zmywałem, Bonnie doceniała to nad wyraz. Traktowała mnie tak, jakbym był jakimś wspaniałym facetem. W kilka miesięcy po urodzeniu się Lauren z radością przekazałem to zadanie z powrotem w ręce Bonnie. I wtedy znowu pokazała, jak bardzo sobie ceniła, że przez tyle miesięcy to robiłem, i nie miała nic przeciwko ponownemu przyjęciu tego na siebie.

Cóż, po kilku tygodniach zacząłem tęsknić do tego cudownego uczucia, kiedy Bonnie mnie chwaliła za zmywanie naczyń. Czekałem na to, by wyglądała na zmęczoną, i wtedy oferowałem swą pomoc. Bonnie za każdym razem była szczęśliwa i uradowana.

Dziś, po wielu latach, często to ja zmywam. Zmywanie naczyń stało się sposobem, dzięki któremu od razu zyskuję miłość Bonnie. Ona nigdy nie podchodzi do tego jak do czegoś oczywistego, ale zawsze mnie za to chwali.

Któregoś dnia ktoś spytał nasze dzieci, kto najczęściej zmywa. Jednogłośnie oświadczyły, że ja. Bonnie stwierdziła, że ona, ale dzieci się sprzeciwiły. Wytłumaczyłem im, że Bonnie więcej zmywa, ale one nie bez powodu uważają, że ja.

Przekornie powiedziałem: „Ja zmywam tylko wtedy, kiedy ktoś to widzi". Zmywanie naczyń, jak każdy inny rytuał romantyczny, jest moją formą pomocy dla żony, a ona mnie za to docenia. Zmywam naczynia po to, by zyskać jej afirmację, a także po to, by jej pomóc.

Zmywanie naczyń jako wspaniała gra wstępna

Czasem, kiedy moja żona jest naprawdę zmęczona i kładzie się spać, nie posprzątawszy w kuchni, ja zostaję i zmywam. Rzadko kiedy potrzebuję na to więcej niż dwudziestu do trzydziestu minut. Kiedy nazajutrz Bonnie wstaje i widzi posprzątaną kuchnię, czuje niewiarygodne połączenie radości i ulgi. W jednej chwili jej miłość do mnie radykalnie rośnie.

Przy takiej okazji Bonnie wraca do sypialni i budzi mnie w najbardziej zachwycający sposób. Delikatnie pocierając moje udo, szepcze mi do ucha: „Czy to ty posprzątałeś w kuchni?" Uśmiecham się i mówię: „Uhmm". Ona odwzajemnia uśmiech i nadal daje mi najbardziej radosne i przyjemne rozkosze poranka.

Nie znaczy to, że za każdym razem, kiedy zmywam, ma nastąpić zbliżenie. To nie byłoby romantyczne. To byłby kontrakt handlowy.

Zmycie naczyń częstokroć prowadzi do seksu, bo daje Bonnie poczucie, że jest kochana. Naturalnie zatem zaczyna się pobudzać. A ja, widząc, jak bardzo docenia moją pomoc, zmywam naczynia z poczuciem spełnienia.

Imprezy kulturalne

Dla Granta i Theresy uczęszczanie na imprezy kulturalne jest romantycznym rytuałem. Oboje lubią chodzić do kina, ale od czasu do czasu Theresa lubi także iść do teatru albo na koncert. Grant potrzebował kilku lat, zanim uświadomił sobie, jak ważne dla niej jest to, by iść także gdzie indziej, nie tylko do kina. Sądził, że skoro on świetnie się bawi w kinie, to ona też.

Theresa lubiła chodzić do kina, ale chciała także czegoś innego. Dziś ich romantyczny rytuał polega na tym, że ona wspomina o jakiejś imprezie kulturalnej, a on się tym dalej zajmuje, wyznacza datę i kupuje bilety.

Wystarczy, że Theresa powie, że w teatrze grają nową sztukę, a Grant już wie, w czym rzecz, i planuje dzień. Może na przykład powiedzieć: „To mi wygląda na dobry pomysł. Chodźmy do teatru w przyszły czwartek". Kiedy on w taki sposób ustala datę, ona czuje jego miłość, troskę i romantyzm.

Grant doskonale pamięta, kiedy pierwszy raz uświadomił sobie znaczenie imprez kulturalnych dla tworzenia atmosfery romantyzmu. To było jeszcze wtedy, zanim zaczął się zajmować tymi sprawami. Theresa od dłuższego czasu wspominała o koncercie w filharmonii, aż w końcu zdecydowała się sama kupić bilety.

Koncert był doskonały. W samochodzie, w drodze powrotnej do domu, Theresa zaskoczyła Granta. Choć wiedział, że jej się podobało, nie miał pojęcia jak bardzo.

Theresa powiedziała: „Ogromnie dziękuję, że mnie zabrałeś na ten koncert. Był fantastyczny". A po chwili dodała: „Czuję się taka wilgotna".

„Wilgotna?" — spytał Grant.

„Uhmm". — Theresa skinęła głową.

Grant tak się roznamiętnił, że kiedy przyjechali do domu i wjechali do garażu, rozebrali się i zrobili to w samochodzie.

Nie trzeba dodawać, że nazajutrz Grant wstał wcześnie i zatelefonował do filharmonii, żeby zamówić karnety na cały sezon.

Obdarzanie komplementami

Inny romantyczny rytuał polega na komplementowaniu kobiety zawsze, gdy się wystroi, ubierze się w coś nowego albo w jakikolwiek szczególny sposób zadba o swój wygląd. Kobieta może się bardzo rozczarować, jeśli mężczyzna tego nie zauważy.

Podczas gdy Lucille długo przygotowywała się do wyjścia, Steve zazwyczaj czekał na nią na dole. Następnie ona schodziła z góry i, zamiast się pospieszyć, przystawała w połowie schodów, żeby Steve mógł się jej przyjrzeć i podziwiać ją. Steve nie rozumiał tego kobiecego rytuału i zamiast prawić jej komplementy, mówił: „Chodź już, bo się spóźnimy".

W końcu Lucille postanowiła mu pomóc. Następnym razem zatrzymała się na schodach i spytała: „Jak wyglądam?"

Wciąż nie rozumiejąc wagi tego pytania, Steve powiedział: „Wyglądasz dobrze. Chodź, bo się spóźnimy".

I tym razem nie wyszło. Kiedy Steve w końcu zaczął pojmować, co różni mężczyzn i kobiety, wreszcie zrozumiał swój błąd. Teraz, kiedy Lucille schodzi z góry, on przeznacza dość czasu na to, by pochwalić, jaka jest piękna.

Oto lista wyrażeń, których mężczyźni mogą używać, by najskuteczniej skomplementować kobietę:

- Wyglądasz tak pięknie.
- Wyglądasz dziś naprawdę wspaniale.
- Bardzo mi się podobasz w tej sukience.
- Wyglądasz naprawdę cudownie.
- Fantastycznie, fantastycznie".
- Wyglądasz wspaniale.
- Bardzo mi się podobasz właśnie taka.
- Te kolczyki są fantastyczne.
- Bardzo mi się podobają te kolory.
- Wyglądasz tak olśniewająco.
- Jesteś niewiarygodnie piękna.
- Jesteś zdumiewająca.
- Jesteś taka seksowna.
- Jesteś taka gorąca.
- Masz rewelacyjne nogi.
- Jesteś taka promienna.
- Wyglądasz naprawdę cudownie.
- Jesteś fantastyczna.
- Wyglądasz tak wyjątkowo.

Przy każdym z tych komplementów nie wahaj się dodać mnóstwa ozdobników, jak „n a p r a w d ę pięknie", „b a r d z o pięknie" czy „a c h, jak pięknie".

Moc dotyku

Mężczyzna wyciągający rękę po to, by dotknąć albo trzymać dłoń partnerki w swojej dłoni, podnieca kobietę. Mężczyzna na ogół trzyma ją za rękę na etapie uwodzenia, a po jakimś czasie przestaje. To jest wielka strata. Kobieta uwielbia czuć, że mężczyzna chce być z nią zespolony w taki sposób. Ona nie czuje się kochana, jeśli on dotyka jej wyłącznie wtedy, gdy chce seksu.

Kobieta nie czuje się kochana,
jeśli mężczyzna dotyka jej wyłącznie wtedy,
gdy chce seksu.

Jeśli mężczyzna chce, by partnerka była przygotowana na seks, musi jej codziennie czule dotykać wiele razy wtedy, kiedy wcale nie pragnie seksu. Może ją trzymać za rękę, objąć ramieniem, pogłaskać po ręce — wszystko to bez sygnałów, że chce seksu. Jeśli mężczyzna dotyka jej wyłącznie wtedy, gdy chce seksu, ona ma poczucie, że jest wykorzystywana albo traktowana przedmiotowo.

Jeśli mężczyzna dotyka kobiety wyłącznie wtedy,
gdy chce seksu, ona ma poczucie, że jest
wykorzystywana albo traktowana przedmiotowo.

Kiedy on ją trzyma za rękę, powinien pamiętać, by był czuły. Wielekroć mężczyzna zapomina, że trzyma ją za rękę, i w jej dłoni zostaje jego wiotka dłoń bez życia. Kiedy mężczyzna musi zająć się czymś innym, powinien po prostu wypuścić dłoń partnerki. Ona nie chce się trzymać za ręce przez cały czas. To jest tylko sposób, by się połączyć na kilka chwil.

Kiedy zacząłem być bardziej czuły i częściej dotykać Bonnie, odczułem ogromną różnicę. Nie mogłem uwierzyć, że taki prosty, mały zabieg może mieć aż tak wielki wpływ. Słyszałem wcześniej, że kobiety pragną być dotykane dwadzieścia razy dziennie w nieseksualny sposób. Kiedy to usłyszałem, pomyślałem, że zrobię eksperyment. Zacząłem od dziesięciu razy dziennie, i to działało wspaniale. Z miejsca Bonnie stała się bardziej promienna. Teraz jestem dla niej znacznie bardziej czuły.

Na początku robiłem to dlatego, bo wiedziałem, że jej się to podoba. Za każdym razem, gdy jej dotknąłem, wyraźnie wyczuwałem, jak to chłonie. Bonnie to uwielbiała. Pomyślałem: „Co za wspaniałe odkrycie". Po jakimś czasie mnie samemu zaczęło się to ogromnie podobać.

Dotykanie jest nie tylko wspaniałym sposobem zespolenia i poczucia bliskości, ale także łagodzi zadry i przywraca poczucie wzajemnej miłości.

Trwała miłość, romantyzm i seks

Wszystkie te romantyczne rytuały są nieskomplikowane, lecz skuteczne. Pomagają nam na nowo zespolić się z bardzo wyjątkowymi uczuciami pociągu i namiętności, które możemy odczuwać tylko wtedy, gdy czujemy zespolenie emocjonalne. Te rytuały sprawiają, że mężczyzna zawsze może coś zrobić, by zdobyć miłość partnerki, a kobieta może zyskać szczególną czułość i wsparcie, potrzebne jej po to, by była wciąż atrakcyjna dla partnera.

Rytuały sprawiają, że mężczyzna zawsze może coś zrobić, by zdobyć miłość partnerki, a kobieta może zyskać szczególną czułość i wsparcie, potrzebne jej po to, by była wciąż atrakcyjna dla partnera.

Dzięki wciąż żywemu romantyzmowi i opanowaniu sztuki miłosnej możecie nieustannie cieszyć się udanym seksem. Obyście zawsze żyli w miłości i namiętności i cieszyli się tym szczególnym darem bożym. Zasługujecie na to.

Spis treści